JN255313

MODERN
ECONOMICS
MINERVA現代経済学叢書 ⑫1

家内労働と在宅ワークの戦後日本経済

― 授産内職から在宅就業支援へ ―

高野 剛 著

ミネルヴァ書房

家内労働と在宅ワークの戦後日本経済

——授産内職から在宅就業支援へ——

目　次

序　章

内職・家内労働研究の課題と分析視角
——在宅ワーク研究の進展のために——

1　在宅ワークとは何か

　1990年代以降の情報化の進展と企業のアウトソーシングによって，在宅ワークが増大している。在宅ワークについて，日本労働研究機構が1994年と1997年に行った調査をもとに推計すると，在宅ワーカーは40万人程度いるといわれている。[1]この動向は先進国に共通して見られ，1996年6月20日には ILO（国際労働機関）第83回総会で，「Home Work（在宅形態の労働）条約」（第177号条約）が採択されるまでになっている。[2]これを受けて日本でも，在宅ワークに関する調査研究が行われるようになってきている。しかしながら，これまでの在宅ワークに関する調査研究では，1990年代以降の実態把握が中心であり，在宅ワークの目新しさを強調しすぎていることが多い。ましてや，ほとんどが実態調査であり，著書のような形でまとまって発表されているものは少ないのが現状である。

　数少ない中でも，在宅ワークについて著書を刊行している堀眞由美（2003）は，在宅ワークの普及によって，出産・育児期の女性が就業を中断することなく働き続けられる社会が実現すると分析している。しかしながら，堀は，近年，ファミリー・フレンドリー企業が導入している在宅勤務制度と在宅ワークを混同しており，在宅ワークの実態を正しく把握できていない。例えば，堀は，日本労働研究機構による在宅ワークの類型化を取り上げて，在宅ワークを，①独立型，②副業型，③社員型の三つに分類している。その上で，「①の独立型就

業形態としては，さらに専業（フリー，請負，自営）とアルバイト（内職，フリー，請負），②の副業型は，会社員をしながらの副業と他の自営を行いながらの副業，③の社員（雇用型）型は，正社員と非正社員（パート，契約社員など）に細分化される[3]」と捉えている。堀の在宅ワークの定義で特に注意が必要なのは，③の社員型も在宅ワークの中に含めて考えていることである。このため，堀は，在宅ワークの実態について明らかにするとしておきながら，ファミリー・フレンドリー企業が導入している在宅勤務制度の実態について，聞き取り調査やアンケート調査を実施しているのである。

　そこで，2000年6月14日に労働省が策定した「在宅ワークの適正な実施のためのガイドライン」によると，在宅ワークとは，「情報通信機器を活用して請負契約に基づきサービスの提供等を行う在宅形態での就労のうち，主として他の者が代わって行うことが容易なものをいい，例えば文章入力，テープ起こし，データ入力，ホームページ作成などの作業を行うものがこれに該当する場合が多い。ただし，法人形態により行っている場合や他人を使用している場合などを除く[4]」となっている。労働省の定義のポイントは，請負契約であることと他人を使用しないということである。つまり，図序 - 1で示しているように，在宅ワークとは，企業と雇用契約を結ばずに自宅などで情報サービス業関連の仕事をすることであり，製造加工作業を中心とする内職・家内労働のサービス経済化として捉えなければならない。しかしながら，これまでの在宅ワークをめぐる研究では，従来からの内職・家内労働がどのようなものであり，それがいかなる変遷を経て，脱工業化や情報化の現在に至っているのかを歴史的に考察

した研究は，ほとんど見当たらない。[5]

　そこで本章では，製造加工作業が中心である内職・家内労働の延長線上で在宅ワークについて研究をすすめるために，その準備作業として，内職・家内労働研究の整理と分析視角について明らかにする。具体的には，第2節で内職や家内工業や家内労働の概念について整理することで，家内労働の定義のポイントと諸特徴を明らかにする。その上で，在宅ワークについて定義し直すことを試みる。さらに，内職・家内労働研究や在宅ワーク研究の進展のために，単なる実態調査だけでなく研究史上の位置づけを明らかにする必要があると捉えて，第3節では家内労働研究の分析視角について先行研究を検討する。その際，単なる文献紹介に陥らないように，①非典型労働，②女性労働，③労働史，の三つの視点から先行研究を検討する。そして最後に第4節では，本書の構成と各章の内容について述べることにする。

2　家内労働の概念整理

（1）内　職

　一般に「内職」というと，家庭の主婦が家内労働として従事するものの他に，授産事業の一つとして施設内外で行われるものや，チラシ配り，生花教室の講師など，その範囲は広い。しかしながら，世間一般に使用される言葉と，社会科学で使用される学術用語を区別して考える必要がある。

　世間一般に使用される「内職」という言葉について，氏原正治郎（1966）によると，「『本職』が，その労働に一日の時間の大部分を捧げ，専心それに従うのにたいして，『内職』は他に『本職』があり，それにたいして片手間仕事」[6]であると捉えている。氏原によると，家庭の主婦がする仕事が主として「内職」と呼ばれるのは，主婦は「本職」として家事労働をしているためである。氏原のいう世間一般に使用される「内職」という言葉は，「本職」以外の仕事であり，しかもその収入では独立の生活ができないという意味で使用されているが，これは「副業」のニュアンスが強く家計収入に着目した捉え方である。

英語で「内職」のことを「side job」と訳すことが多いが，これも「副業」というニュアンスが強い。また，「チラシ配りの内職」といった場合，この意味で使用されることが多い。

さらに，世間一般に使用される「内職」という言葉について，諏訪康雄(1997a)によると，「出職」と「居職」という対比で捉えている。ここでいう出職とは，大工・石工・瓦葺・ペンキ塗りなど屋外でする仕事であるのに対し，居職とは，下駄・鼻緒・袋物・蒔絵など自宅や屋内でする仕事のことである。つまり，諏訪によると，世間一般に使用される「内職」という言葉は，奥向きの自宅や屋内でする仕事という意味で使用されている。これは，仕事をする場所に着目した捉え方であり，生花教室の講師や「宅配便の内職」といった場合，この意味で使用されることが多い。

一方，社会科学の用語として使用される「内職」について，江口英一(1965b)によると，「家庭の中で家計補助のため工賃収入を目的として行なう製造または加工の労働」のことであり，主に家内労働であると捉えている。正確には家内労働の一類型にすぎないが，家庭の主婦が家計補充として従事する「内職的家内労働」が全体の9割近くを占めるため，内職＝家内労働と捉えられることが多い。ここでいう家内労働とは，江口によると，「直接生産者みずから選んだ場所，通常自分の住居内で，雇主から供給されるか，みずから調達した原料および道具，または簡単な機械でもって，単独もしくは一，二の補助者とともに行なわれる労働」であって，自宅だけでなく近所の集会所や作業場で数人が集まって従事する場合も含まれている。

（2）家内工業

家内労働という言葉は，しばしば家内工業と混同して使用されている。そこで家内労働と家内工業の違いについて，山本正治郎(1969)，佐藤正美(1971)は，レーニンの「商人資本が小商品生産者を支配する五つの形態」を用いて，理論的に捉えている。ここでいう五つの形態とは，①小商品生産者から製品を買い占める。②高利貸しとして金を貸し製品で返済させる。③生活必需品で製

品の支払いをする。④原材料で製品の支払いをする。⑤原材料を支給して加工賃を支払うというものである。山本や佐藤によると，①は古い型の家内工業で，②から④は問屋制家内工業であり，⑤が資本制家内労働である。すなわち，古い型の家内工業や問屋制家内工業では商人資本が小商品生産者を部分的にしか支配していないのに対して，資本制家内労働では原材料の支給を受けて労働の対償として工賃を得ているという点で，実質的に賃労働と変わらない状態になっていると捉えている。それらはもはや，「独立の都市手工業者，自立した農民経営，とりわけ労働者家族の家を前提とする古い工業とは，名称以外になんら共通するものをもたない」[12]状態になっているのである。また，松本達郎（1960, 1977）も，家内労働は委託者に経済的に従属しており，家内工業は経済的な従属関係を考慮しない概念であるとしている[13]。しかしながら，これらは，極めて抽象度の高い捉え方であり，家内労働と家内工業の具体的な違いについて分かりにくいという難点がある。

　一方，家内労働と家内工業の具体的な違いについて，正田彬（1979）によると，①従業員が同居の親族のみであるかどうかということ，②委託者から原材料の支給を受けているかどうかということであるとし，主に家内工業を従業員20人以下（製造業）の小規模企業と捉えている[14]。正田によると，男性世帯主が本業として従事する「専業的家内労働」と小規模企業の間には，実態として明確な区別が困難であり，家内労働に事業者的性格があることを指摘している。

　つまり，家内労働は「内職的家内労働」の側面を見れば，実質的に賃労働と変わらない状態であるという点で家内工業と区別されるとともに，「専業的家内労働」と小規模企業の間には実態として明確な区別が困難であり，労働者的性格と事業者的性格を併せ持っているのである。

（3）家内労働

　家内労働の定義について，臨時家内労働調査会編（1966）によると，「①作業所が，自宅または知人の家など自分が任意に選んだ場所，時として委託者の指定する場所であること。②自分一人で，あるいは少数の補助者とともに作業

に従事していること。この場合，補助者は同居の親族であって，常態として他人を雇うということはないこと。③問屋・製造業者から物の製造，加工などを委託され，通常原材料の支給をうけて，その下請として作業を行なっていること。作業は通常簡易な手作業で，機械設備を用いる場合もきわめて簡単なものであること[15]」となっている。ここでは，その指標として，①就業場所，②従事者，③委託加工契約があげられている。

しかしながら，1970年に制定された家内労働法では，家内労働者とは，「物品の製造，加工等若しくは販売又はこれらの請負を業とする者その他これらの行為に類似する行為を業とする者であつて労働省令で定めるものから，主として労働の対償を得るために，その業務の目的物たる物品（物品の半製品，部品，附属品又は原材料を含む。）について委託を受けて，物品の製造又は加工等に従事する者であつて，その業務について同居の親族以外の者を使用しないことを常態とするものをいう[16]」となっており，就業場所については特に触れられていない。その理由として，「就業場所によって一律に家内労働者か（雇用——引用者）労働者かを割り切ることは不適当であり，作業の指揮監督，出退勤，労働時間等服務全般の実情をみて判断する[17]」となっている。

すなわち，家内労働とは，①雇用契約ではなく委託加工契約であり，したがって委託者に指揮命令権がないということ。②自分一人か同居の親族のみで従事していて，他人を雇用している小規模企業とは違うこと。③原材料の支給を受けて労働の対償として工賃を得ているという点で，実質的に賃労働と変わらないが，一方で小規模企業のように事業者的性格も併せ持っているのである。

（4）在宅ワーク

以上のように，家内労働の概念についての整理を行い，家内労働の定義のポイントと諸特徴を明らかにしてきた。ここでは，これまで明らかにしてきたことの要点を整理した上で，在宅ワークについて定義し直すことを試みる。

これまで本章では，内職について概念整理を行い，内職とは，社会科学の用語として使用される場合，主に家内労働のことを意味すると述べた。次に，家

内工業と家内労働について考察し，家内工業とは経済的な従属関係を問わない概念であり，家内労働とは明確に違うと述べた。そして，家内労働とは①雇用契約ではなく委託加工契約であり，したがって委託者に指揮命令権がなく，②自分一人か同居の親族のみで従事していて，③原材料の支給を受けて労働の対償として工賃を得ているという点で，実質的に賃労働と変わらないが，一方で事業者的性格も併せ持っていることについて述べた。

　以上を踏まえた上で，製造加工作業が中心である内職・家内労働の延長線上で在宅ワークについて研究をすすめるにあたり，在宅ワークについて定義し直すことを試みておきたい。その際，2000年6月14日に労働省が策定した「ガイドライン」も参考に在宅ワークについて定義し直すと，在宅ワークとは，「自宅または自分が任意に選んだ場所で，委託・請負契約に基づいて，情報サービス業関連の仕事をすることであり，その業務について同居の親族以外の者を使用しないことを常態とするもののこと」である。ただし，在宅ワークの中には，通信教育の添削や模擬試験の採点，医療事務（レセプトチェック）なども含まれており，必ずしも情報通信機器を利用しているとは限らないことに注意しておく必要があるであろう。[18]また，在宅ワークとSOHO（Small Office Home Office）についても，明確に区別して考えておかなければならないであろう。なぜなら，SOHOは自宅や小規模の事業所で働くという意味以外に，情報関連分野のベンチャー企業という意味も含んでおり，意味内容の曖昧な言葉となっているからである。[19]在宅ワークとSOHOを区別する基準の一つとして，同居の親族以外の者を使用せずに仕事をしているか，それとも他人を雇用しているかということがあげられるであろう。

　次節では，内職・家内労働研究や在宅ワーク研究の進展のために，単なる実態調査だけでなく研究史上の位置づけを明らかにしておく必要があると捉えて，家内労働研究の分析視角について先行研究を検討する。

3　家内労働研究の分析視角

（1）非典型労働の視点

　1990年代以降の日本は，長期にわたる不況の影響もあり，パートタイム労働者や派遣労働者といった非正規雇用が増大している。同時に就業形態の多様化もすすみ，内職・家内労働や日雇だけでなく，請負労働や在宅ワークなどの新しい働き方が生まれてきている。この動向は先進国に共通して見られ，仲野組子（2000）によると，アメリカでは，リストラの進展により二つ以上の仕事に就くムーンライティング（Moonlighting）が増加したり，アウトソーシングにより派遣労働者やインディペンデント・コントラクター（Independent Contractor）が増加している。仲野は，1980年代後半のアメリカを非典型労働の視点から，統計を用いて実証的に分析しており，今やアメリカの労働者の4分の1が非典型労働に従事しているという。非典型労働が増加している背景として，労働者側のライフスタイルなどの変化もあるが，仲野は特に，雇い主が雇用責任を回避するために労働契約形態が変化している点に着目している。

　仲野と同じく鎌田耕一編（2001）は，雇い主が雇用責任を回避するために労働契約形態が変化していることや，委託・請負契約で働くコントラクト・レイバー（Contract Labour）が発注元の企業に対して雇用労働者と同様の経済的従属関係にあるにもかかわらず，労働法の保護がないという問題を指摘している。そこで鎌田は，1997年と1998年に開催されたILO第85・86回総会における「コントラクト・レイバー条約」の討議過程について分析するとともに，日本のコントラクト・レイバーの実態について，数名の研究者とヒアリング調査を実施している。本条約は，コントラクト・レイバーをどのように定義するかという問題で結果的に不採択となったが，委託・請負契約で働く者に対しても労働法の保護が必要であるという考えを示すことになった。[20]ここでいうコントラクト・レイバーには，建設業の一人親方や傭車運転手の他に，ガス・電力会社の検針員や在宅ワークなどが含まれており，特に在宅ワークには文章・データ入

力やテープ起こしなど自宅で事務系の仕事に従事する者から，コピーライター
やデザイナー，イラストレーターやコンピューター技術者，翻訳者などがある。[21]
こうした委託・請負契約で働く者は，厚生年金や健康保険に加入することがで
きず，国民年金や国民健康保険に加入することになっている。しかも，労災保
険に特別加入できない者も多く，社会保険の点でしばしば不利益を被っている
のである。

　鎌田によると，このような委託・請負契約で働く者に対する労働保護法とし
て，労働者概念を拡大して既存の労働法を適用する方法と，労働者でも事業者
でもない特別のカテゴリーと位置づけて雇用労働者と同様の保護を与えるとい
う二つの方法がある。すでに，日本では家内労働者に対して，労働者と事業者
の中間的形態として家内労働法が制定されており，家内労働法を委託・請負契
約で働く者，とりわけ在宅ワークに対する労働保護法の「先駆け」[22]であると考
えることができるであろう。それゆえ今一度，従来からの内職・家内労働がど
のようなものであり，それがいかなる変遷を経て，脱工業化や情報化の現在に
至っているのかを歴史的に研究することと，いつ頃どのような議論があり，い
かにして家内労働法が制定されたのかについて研究しておく必要があるのでは
ないだろうか。これが，内職・家内労働研究を行う第一の分析視角である。

（2）女性労働の視点

　こうした非典型労働の担い手の多くは，しばしば女性労働者であった。そこ
で，深澤和子（2003）は，第二次世界大戦以降に確立した男性＝稼得者／女性
＝家族の世話係という性別役割分業がいかに形成され，どのように克服されよ
うとしているのかについて分析を行っている。深澤によると，日本の女性労働
の特徴は，女性就業者全体に占める雇用者比率が主要先進国の中で相対的に低
く，多くの女性が自営業者や家族従業者として働いていることであると指摘し
ている。深澤のいうとおり，この自営業者や家族従業者の多くは，農林漁業従
業者であったり，内職・家内労働などに従事しており，主婦は決して無給の家
事労働のみに従事していたわけではなかったのである。

この点について，谷本雅之（2003）も，日本の女性労働研究は雇用労働を考察の中心的な対象としてきたとして，近代日本の農家および非農家「小経営」世帯における女性労働の実態について研究する必要があると捉えている。深澤と谷本は研究の対象とする時期に大幅な違いがあるものの，日本の女性労働研究にとって，自営業者や家族従業者を分析の対象にする必要があると考えている点で共通している。[23]

　また，木本喜美子（2003）は，雇用労働者のみに関心を集中させている点に限界があるものの，日本の労働研究はユニセックスを装いながらも，製造業の男性労働者が主な研究の対象とされてきたため，女性労働研究は絶えず周辺の特殊な研究として扱われてきたと捉えている。しかも，日本の女性労働研究は，ながらく家事労働論争など抽象的な議論に拘泥してきたため，実証的研究があまりに手薄であったとしている。

　以上から明らかなように，日本の女性労働研究は絶えず周辺の特殊な研究として扱われてきており，実証的研究が不足してきた。しかもそこでの考察の主な対象は雇用労働者であり，自営業者や家族従業者として働いている女性に対しては関心が向けられなかったのである。例えば，日本の女性の年齢階級別労働力率を表したＭ字型供給線について，20歳代後半から30歳代前半の谷間をいかに上昇させるかについてはよく言及されているが，これまでＭ字型の谷底部分で頑張ってきた自営業者や家族従業者については，ほとんど研究されてこなかった。しばしば，日本の女性労働研究が対象とするのは企業で雇用労働者として働く女性たちであり，女性労働者の中の階層性や多様性について考慮されることはなかった。[24]それゆえ，内職・家内労働に焦点をあてて実証的に研究することは，女性労働研究の空白部分を埋めることになるのではないだろうか。これが，内職・家内労働研究を行う第二の分析視角である。

（3）労働史の視点

　一方，第三の分析視角として，戦前との関わりについても触れておきたい。戦前との関わりでは，まず，谷本雅之（1998，2001）をあげることができるで

あろう。

　谷本は，日本が先進諸国と比べて戦前と戦後を通じて，全就業者のうち自営業者や家族従業者の占める割合が高いという特徴をもつため，日本の工業化を論じる上で自営業者や家族従業者，とりわけ家内労働を基礎とした経済発展に着目する必要があると捉えている。そこで，1890年代から1920年代までの埼玉県入間郡の在来織物業を事例として，そこでの賃織就業と家族内の労働供給行動について研究している。谷本によると，1920年代に力織機による工場生産が主流となるまで，織物生産の主な担い手は賃織就業であり，女性家族員の多就業によって成り立っていたことが明らかにされている。[25] 経済成長は単に大企業やそこで働く雇用労働者だけで成し遂げられるわけではなく，自営業者や家族従業者をも含んだ経済成長であったということについて，ここでは主に織物業の農家副業が事例としてとりあげられているが，非農林業部門の内職・家内労働についても同様のことがいえるのではないだろうか。あるいは，明治中期から昭和初期までに限らず，戦後の高度経済成長期までも視野に含めて論じることができるのではないだろうか。[26]

　また，中川清（1985, 2000）は，経済発展による下層社会から中流社会への底上げの中で，人々がどのように対応してきたのかを，主に東京を中心としながら動態的に把握しようと試みている。中川は，当初，明治中後期から昭和恐慌期までを分析の対象としていたが，その後，戦後の高度成長期までも視野に含めて分析を行っている。例えば，中川によると，明治中後期の都市は，横山源之助が見たような異質な下層社会であり，まさしく蟻地獄と呼ぶにふさわしい空間であった。そこでは，人々は家族形成が困難なほど貧しく，ただ都市に滞留しているだけであった。日露戦争後になると，地方出身者が家族を形成して都市に定着し始め，工場労働者や新中間層や日雇労働者が増加するようになる。それに伴い，普通長屋の増加やエンゲル係数の低下など雇われて働く近代の生活構造が形成され始めるようになる。都市は人々が生きられる空間へと変化したのであった。その後，第一次大戦後から関東大震災直後にかけて，新中間層や工場労働者が都市下層から分離するようになるとともに，都市下層の集

住性も分散するようになる。この見えなくなった都市下層を要保護世帯として方面委員制度が対応することになるのである。さらに戦後は，中川によると，過剰人口という社会問題に対して，人々は人工妊娠中絶によって「よりよい生活」を実現するという対応を行った。この人々の過剰ともいえる適応の結果，かつて目標とされてきた近代家族そのものが自己変容するようになったと捉えている。

　中川の一連の研究は，家族を中心とした日々の生活の営みから経済社会の変化について分析しようとしており，大変興味深い研究であるが，戦後の内職・家内労働についてはほとんど触れられていない。それゆえ，経済発展による下層社会から中流社会への変化の中で，内職・家内労働も含めて人々がどのように対応してきたのかを明らかにする必要があるのではないだろうか[27]。これが，内職・家内労働研究を行う第三の分析視角である。

4　本書の構成

　最後に，本書の構成と各章の内容について，簡単に述べておきたい。

　まず，日本の高度成長期における内職・家内労働の実態と家内労働法が制定されるまでの政策論議について，実態的側面と政策的側面を明らかにする必要がある。実態的側面については，第1章で，大阪府全域を事例としながら，内職・家内労働という労働市場の下層部分を誰がどのようにして担ってきたのかについて，その構造を明らかにしている。その際，内職・家内労働の規模・種類・担い手の変化だけでなく，企業や家族にとって，内職・家内労働がもつ役割の変化についても着目している。ここでは主に，高度成長期に家内労働に従事している人が都市部を中心に急増したことや，多種多様な家内労働があったことが統計資料などを用いて実証されている。また，家内労働に従事している人の世帯主の社会階層が，高度成長期の前半と後半とでは変化したことや，労働力不足のために高度成長期の後半からパートタイマーが増加していることが述べられている[28]。

　一方，政策的側面については，すでに労働省関係者の手によって，その沿革が整理されており，岡部実夫（1972），有沢広巳・藤縄正勝（1972）などがある。しかしながら，これらは政府の立場から家内労働法の成立過程について整理されたものであり，批判的な視点が乏しいといわざるを得ない。[29]これらは，当時の実情を知る上で資料としての価値は大いにあるとしても，十分な掘り下げができているとはいい難い。近年，急増しつつある在宅ワークの問題も見据えた上で，当時の家内労働法の成立過程について，批判的な見地も交えて検討する必要があるであろう。そこで，第2章では，政策過程についての分析を行い，いつ頃どのような議論があり，いかにして家内労働法が制定されたのかについて，家内労働法の特質を明らかにしている。日本の家内労働法は，1950年代から家内労働法制定をめぐる議論があったにもかかわらず，それが制定されたのは1970年であった。家内労働法制定が遅れた原因の一つとして，この時期の重要な政治課題は安全保障や労資対立についてであり，家内労働問題は政治課題として表面化しにくかったことがあげられる。また，家内労働が複雑多岐にわたり，実態がつかみにくかったため，労働省は問題解決のための具体的な対策づくりに窮していた。そのため，日本の家内労働法は首尾一貫した考えがなく，それぞれの要求の最大公約数的な部分だけで制定されたということなどが分析されている。

　次に，社会科学の用語として使用される「内職」には，家庭の主婦が従事する家内労働の他に，授産事業として施設内外で行われる仕事も含めて捉えられることがあり，授産事業として施設内外で行われる仕事の実態について明らかにする必要がある。高度成長期以降，授産事業といえば，心身障害者が多く福祉的就労として社会福祉の枠組みで捉えがちであるが，高度成長期以前はどのようなものであり，高度成長期にいかなる変化をしたのかについて明らかにしておく必要がある。この点について，第3章では，大阪市を事例としながら，特に授産事業に焦点をあてて，家庭の主婦が家計補充として従事する家内労働と，授産事業として施設内外で行われる仕事との同一性と異質性について明らかにしている。ここでは，明治初期から終戦直後まで，授産事業では生活困窮

者に施設内外で裁縫などの仕事をさせていたが，1950年代に社会福祉の概念が一般化するとともに，授産事業の対象者に心身障害者が多くなってきたため，施設内での仕事は福祉的就労として社会福祉の枠組みで捉え，家庭の主婦が自宅で家計補充として従事する労働と区別するようになったことが述べられている。すなわち，労働と福祉の二分法を超えた実態的な判断から，家内労働と授産事業の間には仕事の内容や担い手などで同一性と異質性があることについて指摘しており，結論として，社会科学の用語として使用される「内職」には，授産事業として施設内外で行われる仕事も含めて捉えられることが明らかにされている。

　また，内職・家内労働に従事する者は，その多くが家庭の主婦であるが，外に働きに出られない事情を抱えている障害者や母子家庭の母や高齢者も少なからず存在しており，特に就職困難層が家内労働に従事する場合について明らかにする必要がある。というのも，研究史を振り返ると，これまで戦後日本の内職・家内労働についての先行研究は一定量存在するにもかかわらず，外に働きに出られない事情を抱えている障害者や母子家庭の母や高齢者が家内労働に従事する場合について明らかにした研究は見あたらない。ましてや，地方自治体が実施している内職あっせん事業について明らかにした研究はないといってもよいであろう。そこで，第4章では，大阪府が地方単独事業として実施してきた認定内職あっせん事業を事例として，障害者や母子家庭の母や高齢者が家内労働に従事している実態と，事業の歴史的経緯について明らかにしている。この事業は，近年の大阪府の財政赤字により縮小の傾向にあるが，事業の意義を近年の雇用対策の動向と照らし合わせて捉え直すことも試みている。

　さらに，高度成長期以降の脱工業化と情報化の中で，製造加工作業を中心とした内職・家内労働がいかなる変遷を経て，現在に至っているのかについて明らかにする必要がある。この点は，内職・家内労働の延長線上で在宅ワークについて研究をすすめるにあたり，特に重要な点である。そこで，第6章と第7章では，高度成長期以降の内職・家内労働と在宅ワークについて扱っている。特に，第6章では，安定成長期の内職・家内労働について明らかにすることを

主眼としており，家内労働者数と委託者数が安定成長期に減少したこと，中でも繊維産業関連業種の家内労働が大幅に減少したこと，家内労働の都市部集中が弱まり，地方へ分散する傾向にあることなどが明らかにされている。第6章では，女子家内労働者と女子パートタイム労働者の労働条件などについて比較をしているだけでなく，1980年代後半から徐々に増えつつある在宅ワークについても視野に含めて分析をしている。また，第8章では，家内労働法の問題点について明らかにした上で，製造業から情報サービス業への時代の変化に伴う内職・家内労働の変容と，家内労働法改正の必要性について論じている。高度なスキルや営業能力のない女性の在宅ワーカーはトラブルに遭うことが多いため，経済法だけではなく，家内労働法のような労働保護法が在宅ワークに適用される必要があることなどが述べられている。

　本書では，第1章と第3章と第4章で，大阪を事例としてとりあげている。ここで，大阪を事例としているのには，いくつかの理由があげられる。それは，①家内労働が地域特有の産業によって大きく規定されるという性質を持っていること。特に大阪は，戦前の一時期には「東洋のマンチェスター」と呼ばれたほどの大都市であった一方で，都市の至るところには安価な労働力が多く散在していたため，戦後も家内労働者数や委託者数が全国的に見ても多く，東京と1，2位を争うほどであること。②大阪では，大正期から昭和初期にかけて大規模な社会事業や実態調査などが実施されており，戦後に規模は幾分か小さくなったものの，それでも家内労働に関する実態調査は精力的に実施されたため，報告書や資料が入手・利用しやすかったこと。③大阪では，これまで障害者や母子家庭の母や高齢者など就職困難層が家内労働に従事するように奨励する事業を，地方単独事業として実施しており，全国的に見ても興味深い事例であるということがあげられる。

注
(1)　神谷隆之（1999）16頁。
(2)　ILO 第177号条約は，①自宅または，使用者の作業場所以外の自ら選んだ場所において，②報酬のために，③使用される設備，材料またはその他の投入物をだれが提供する

かを問わず，使用者が定めた製品またはサービスにつながる労働を「在宅形態の労働」と定義しているため，委託・請負契約で働く内職・家内労働や在宅ワークだけでなく，雇用契約の在宅勤務なども含まれている。このうち，本書で考察の対象とするのは，委託・請負契約で働く内職・家内労働と在宅ワークである。ILO 第177号条約について，詳しくは，国際労働問題シンポジウム（1997），嶺學（1999）を参照。

(3) 堀眞由美（2003）76頁。

(4) 「ガイドライン」の詳細については，厚生労働省監修（2001）37-40頁を参照。

(5) 神尾京子は，内職・家内労働の動向と，在宅ワークや在宅勤務について，日本婦人団体連合会編『女性白書（婦人白書）』ほるぷ出版，各年度版，で紹介している。

(6) 氏原正治郎（1966）207頁。

(7) 英語で「内職」のことを，「piecework」と訳すこともある。

(8) その他に，世間一般に「授業中や会議中の内職」といわれることもあるが，これは隠れてコソコソ他の作業をするという否定的な意味で使われているのではないかと考えられる。

(9) 江口英一（1965b）889頁。

(10) 江口英一（1965a）97頁。

(11) レーニン，В. И.（1952）第五章六を参照。

(12) マルクス，K.（1983）797頁。

(13) 経済的従属関係について，ここでは，契約に際して双方が対等の関係にないことや，労働の対償として報酬を得ており，しかもその報酬によって現行の生活水準を維持している場合としておきたい。

(14) 正田は，小規模企業の中でも特に従業員4人以下の場合と，「専業的家内労働」の類似性について指摘している。

(15) 臨時家内労働調査会編（1966）23頁。

(16) 岡部実夫（1972）143-144頁。

(17) 岡部実夫（1972）150頁。

(18) 自宅等で，自分一人か同居の親族のみで弁護士事務所や医院を開業している場合，弁護士や医師は「委任」契約に基づいて仕事をしているので，在宅ワークには含まない。

(19) SOHO については，神谷隆之（1999）12頁を参照。

(20) その後，2003年6月18日には，ILO 第91回総会で「雇用関係の範囲」（一般討議第5議題報告書）が採択されている。詳しくは，国際労働問題シンポジウム（2004）を参照。

(21) 在宅ワークの職種については，厚生労働省監修（2001）4頁を参照。

(22) 鎌田耕一編（2001）131頁。

(23) Uno, K.（1993）は，従来までの女性労働史研究が繊維女工の労働と生活を中心に扱ってきたとして，明治期の貧困家庭の女性たちが内職・家内労働や行商などをしながら，どのようにして炊事・洗濯や育児などの家事労働をしていたのかについて研究している。

(24) 熊沢誠（2000）は，女性労働者の中の階層性や多様性について考慮して研究しているが，分析の対象を雇用労働者のみに限定している。

(25) ハレブン，T. K.（1988）は，1930年代の西陣織（絹織物）を事例として，力織機の普及による変化に家族がどのように適応していったのかについて研究している。ハレブンによると，1920年代まで西陣織の製織は手機が主流であったが，力織機が普及し始めるようになると，それまで織元の所で製織する内機から，自宅で製織する賃機が主流と

なった。また，織手も男性より女性が多くなり，機業地域も農村部へ拡大することになった。

⑵　中村隆英（1997）は，終戦直後から安定成長期までを対象に，自営業者や家族従業者の多い在来産業の動向と変容について，数量的な側面から分析を試みている。

⑵　千本暁子（1990）は，夫の収入のみで家計の生計費が賄えるかどうかを［夫の収入÷実支出］≧1という計算式を用いることで，明治中期から昭和初期のいつ頃，どの社会階層で「男は仕事，女は家庭」という性別役割分業が成立したのかを明らかにしている。千本の研究は，いつ頃どの社会階層で妻が内職・家内労働に従事していたかを知る手掛かりとなっている。

⑵　高度成長期の内職・家内労働について研究したものとして，その他に広田寿子（1979），近松順一（2003）をあげることができる。また，大谷晃一（1975）は，内職・家内労働以外の者も含んでいるものの，新聞記者の視点から，内職・家内労働で働く女性をルポルタージュしている。

⑵　家内労働法の問題点について，批判的な見地から整理したものとして，片岡昇（1968），峯村光郎（1975），山田耕造（1981），神尾京子（1982）などがある。また，中脇晃（1975，1982）は，家内労働法が制定されるまでの沿革と，その社会的背景について考察を行い，家内労働法がもつ問題点について明らかにしている。

第1章

高度成長期の内職・家内労働
──大阪府を事例として──

1　内職とは何か

　本章の目的は，55年体制のはじまりから福祉元年までの間の，すなわち，1955年から1973年までの約20年間を高度成長期として，この時期の内職・家内労働がどのようなものであったのかを明らかにすることにある。

　そこで事例として，大阪府全域で見た場合の内職・家内労働を具体的にとりあげて分析することにしたい。このように地域限定の研究をするのは，内職・家内労働が地域特有の産業によって大きく規定されるという性質をもつにもかかわらず，これまでほとんど研究されてこなかったからである。もちろん，山本正治郎（1974c）の研究のように，1970年代の大阪府下におけるタオル製造業と紳士既製服製造業の内職・家内労働について扱った研究がある。[1]しかしながら，それらは主として，小規模企業の経営が内職・家内労働にどのようにして支えられているのかを明らかにすることに重点が置かれていた。本章は，それらの先行研究が取り扱ってこなかった地域限定の時系列で見た場合の分析を行うものである。

　一口に内職・家内労働といっても，その種類は多く，その起源も古い。中には，遣唐使によって渡来したというものもあれば，平家の落武者が，生き延びるために始めたとされるものまである。とりわけ，明治維新以降に限ってみると，横山源之助（1949）は，当時の内職・家内労働についてその規模・種類・担い手について次のように指摘している。「貧困家庭の内職仕事頗る多し。巻

煙草，マッチの箱張，ランプの笠張，貿易品亀の子，摺物（すりもの），折子（おりこ），足袋縫（たびぬい），鼻緒の心（しん），状袋張（じょうぶくろはり），紙継（かみつぎ），編物，蠟燭の心巻き，ボール箱，団扇張（うちわはり），タドン，ハンケチ縫，石版画着色，元結の撚り（もとゆい）（こよ），麻裏草履の裏縫（ぞうり），草鞋絢の如き類これなり（わらじない）[(2)]」とある。横山によると，明治後期の内職・家内労働は，主に貧民家庭に多く，しかもその種類も多様であったようである。同時期の松原岩五郎（1988）によると，飢寒窟に住む貧民の妻や高齢の人力車夫の妻が内職・家内労働に従事していたとある。中でも大阪は，横山によると，「神戸・大阪の貧民の家庭において内職の重（おも）なるは燐寸箱の紙張なり[(3)]」とされ，当時の日本を代表する輸出産業であったマッチ工業が，貧民家庭の内職・家内労働によって支えられていたということを示唆している。

　ところで，日本はある時期まで，国際的にも就業者全体に占める自営業就業者の比率が高い国であった。例えば，1930年代から1950年代にかけて，業主と家族従業者を含む自営業就業者比率は，約60％以上であり，国際的にも最高水準であった。1970年には，第一次産業の衰退による農林業自営業者が急速に減少したため，自営業就業者比率は約35％へと下がるが，それでも他の欧米諸国よりは高水準であった。これは，非農林業自営業者では増加傾向にあったため，欧米諸国よりも高水準を保っていたからである。そこで，日本の政府統計で，家内労働も自営業者の中に含まれていることを考えれば，高度成長期に家内労働は減少するどころか，むしろ増加しているのではないかと考えられる。しかも，その間の急激な変化を考えれば，家内労働の規模・種類・担い手にも，何らかの変化があったのではないだろうか。あるいは，企業や家族にとって家内労働がもつ役割も変化したはずではないだろうか。

　以下では，このような中で，高度成長期に分断された労働市場の下層部分を誰がどのようにして，どのような形態で担っていたのか，その構造を明らかにしていきたい。それによって，高度成長が単に大企業やそこで働く雇用労働者だけで実現したのではないということが示されるであろう。その際，家族が経済成長に果たす役割についても着目する。

　それらのことを明らかにするにあたり，本章では高度成長期を二つに時期区

分して考えることにする。なぜなら，「高度成長期は，約20年に過ぎないが，その間の変化は急激であり，それを一つの時期としてとらえることは，必ずしも適当ではない[4]」と思われるからである。そこで，高度成長期を1955年から1964年を第一次成長期とし，1965年から1973年までを第二次成長期として考えたい。第一次成長期とは，神武景気・岩戸景気・オリンピック景気があった期間であり，第二次成長期とは，いざなぎ景気・ニクソンショック・石油危機があった期間である。残念なことに，高度成長期の家内労働についての統計資料は多くはない。足りない部分については，同時期の「実態調査報告書」で補足しながら，高度成長期の大阪における家内労働の実態について考察していくことにする。

2　家内労働の定義と類型

　1970年に制定された家内労働法の第2条第2項によると，家内労働者とは，「物品の製造，加工等若しくは販売又は，これらの請負を業とする者その他これらの行為に類似する行為を業とする者であつて（厚生）労働省令で定めるものから，主として労働の対償を得るために，その業務の目的物たる物品（物品の半製品，部品，附属品又は原材料を含む。）について委託を受けて，物品の製造又は加工等に従事する者であつて，その業務について同居の親族以外の者を使用しないことを常態とするものをいう」としている。したがって，家内労働者とは，①物品の委託加工に従事し，②この労働の対償として工賃の支払いを受けて，③常態として単独あるいは同居の親族以外の者を使用しない者のことである。そのため，家内労働法では，「近所の一般家庭からセーター編みや洋服の仕立てを頼まれた場合や物品の販売などセールスマン，運送などの仕事をする者[5]」は家内労働者に含まれていない。このように家内労働を定義した上で，労働省統計は，家内労働を「専業的家内労働」と「内職的家内労働」と「副業的家内労働」に類型化している[6]。

　第一に「専業的家内労働」とは，世帯主が本業として従事しており，主に男

性世帯主が自ら家内労働に従事して家計を支えている場合である。この「専業的家内労働」に「師」や「職人」と呼ばれるものが含まれる。これらは伝統的な在来産業であり，蒔絵師・塗師・彫金師・鼻緒職人などがある。工業化には適さず，長い徒弟制度を必要とし，世襲が行われている。さらに「専業的家内労働」には，「○○屋」や「○○業者」と呼ばれるものも含まれている。主にプレス屋・研磨屋・編立業者・加工業者などがそれである。「専業的家内労働」は，「内職的家内労働」や「副業的家内労働」に比べて工賃が高く，事業主の性格も併せ持っている。「専業的家内労働」の扱う製品には，漆器・銅器・金属洋食器・塗下駄・家具建具・刃物などがある。「専業的家内労働」の担い手には，主に中小企業に勤めていた者が，一定期間勤めて賃金カーブが下り坂に差し掛かった時に，独立して家族と共に働く場合がある。これは残りわずかな年数を勤めて，十分な保障のない退職後の生活を送るよりも，たとえ収入が減るとしても，家族従業者を使いながら働いた方が，長期間就労することができるからであると思われる。また，父や祖父の代からの世襲も含まれる。高度な熟練を要する伝統産業のため，技術の伝承が難しく，幼い時から父を見て育った子供がその跡を継ぐ場合である。その他に，未亡人・障害者・高齢者が世帯主になって，家内労働に従事しているものもあるが，「内職的家内労働」と同じような作業であるため，「内職的家内労働」に含めて考えられることがある。

　第二に「内職的家内労働」とは，世帯主以外の家族が本業とは別に家計補充として働く場合である。主に簡易な手作業が多いが，簡単な道具や動力機械を使用するケースもある。主な仕事として，婦人服や子供服の縫製・ボタン付け・かがり・刺しゅう・線香花火・マッチの小箱貼りなどがある。

　第三に「副業的家内労働」とは，世帯主が本業の合間に本業以外の仕事に従事する場合であり，農村や漁村に多く見られる。主な製品として，竹細工・ガラ紡糸・菅笠・扇子などがある。「副業的家内労働」の主な担い手は農家の人たちであり，兼業農家が農閑期に出稼ぎなどで雇用労働者にならずに，副業に従事する場合である。

　これらの家内労働のうち，特に「内職的家内労働」は低工賃で仕事が途切れやすいという性質がある。低工賃であるのは，家内労働者が散在していて組織化がほとんど行われていないためであったり，事業所（委託者）との間に仲介人が入って，中間搾取をしているためである。ところが一方で，仲介人は事業所が多数の家内労働者を使用したい時や，遠隔の地域に住む家内労働者へ材料を運ぶ時に必要になっている。[7] 仲介人の中には，もともと家内労働者であった人もおり，彼らは作業工程にあわせて違う種類の仕事をそれぞれの家内労働者に振り分けている。

　このように，家内労働は，家内労働者と事業所（委託者）の間に仲介人が何重にも存在すると低工賃にならざるを得ない。そもそも，家内労働者は労働基準法の適用から除外されており，1970年に家内労働法が制定されるまで労働保護法が存在していなかった。唯一，1959年に制定された最低賃金法では最低工賃制度が創設されていたが，実効性は全くなかった。また，安全衛生面での保護措置もなく，家内労働災害が後を絶たなかった。例えば，1959年に東京の浅草でヘップサンダルの家内労働者が，ベンゼン中毒で倒れて死亡した事件は，家内労働法制定へ向けて労働省が動き出すきっかけとなり，臨時家内労働調査会を設置するようになったことで有名である。

3　家内労働者と委託者の概況

（1）家内労働者の概況

　表1-1は，高度成長期の家内労働者数の推移と，その性別および類型別の人数を表したものである。表1-1によると，高度成長期を通じて家内労働者数は急増している。1958年に約70万人いた家内労働者が，1965年には約84万人，1970年には約181万人へと増加している。より詳しく見てみると，1958年から1962年が一つの増加の山であり，1965年から1970年までが，もう一つの増加の山となっている。とりわけ，後者が大きな山であり，1973年まで増加し続けている。次に男女別で見てみると，1962年は男女別の調査をしていないためデー

表1-1　家内労働者の推移（全国）

（人）

		1958年	1962年	1965年	1969年	1970年	1971年	1972年	1973年
家内労働従事者数		−	−	−	−	2,017,100	2,015,000	2,037,200	2,041,200
家内労働者数		701,400	853,900	847,700	1,431,300	1,811,200	1,805,800	1,840,900	1,844,400
補助者数		−	−	−	−	205,900	209,200	196,300	196,800
男女別	男子	91,182	−	71,700	106,000	139,500	144,700	134,200	136,600
	女子	610,218	−	776,000	1,325,300	1,671,700	1,661,100	1,706,700	1,707,800
類型別	専業	63,126	102,468	122,400	123,300	171,000	164,100	164,600	171,000
	内職	617,232	708,737	677,500	1,259,300	1,597,200	1,605,700	1,636,300	1,633,600
	副業	21,042	42,695	47,800	48,700	43,000	36,000	40,000	39,800
委託者数		64,000	−	66,000	94,050	113,130	115,360	111,480	110,880

注：1962年は男女別の調査をしていない。
出所：労働省労働基準局（1959），臨時家内労働調査会編（1966），岡部実夫（1972），労働省労働基準局
　　　『家内労働のしおり』各年度版より筆者作成。

タが欠落しているが，全体として約9割近くが女性となっている。「専業的家内労働」に男性が多いと捉えれば，「内職的家内労働」と「副業的家内労働」のほとんどが女性で占めていることになる。さらに，類型別に見てみると，とりわけ「内職的家内労働」の伸びが著しい。「専業的家内労働」と「副業的家内労働」も人数自体では増加しているが，家内労働者数全体で見た場合の比率では伸びていない。そもそも，高度成長期に，設備投資によって製造業が活発になるが，他方で農業などの第一次産業の就業者数が減少することを考えれば，「副業的家内労働」の家内労働者数はそれほど伸びないはずであろう。一方で，「副業的家内労働」と同じく「専業的家内労働」もまた伸びていない。この背景には，「後継ぎ世代が，地方の工業学校を卒業すると，大都市の工業地帯へ出ていくため，必要な労働力と技術の伝習が途絶え」[8]る傾向にあり，地場産業の担い手そのものが，減少していることがあげられる。このことは，高度成長期に，在来産業から近代産業へ，衰退産業から成長産業へと労働力の流動化が生じたということとも関係している。

　表1-2は，家内労働者の都道府県別の分布状況を表している。ここでは，沖縄県のデータが1973年から集計されている。これは，1972年5月にアメリカから沖縄が返還されたからである。しかし，その背景には，「糸で縄を買った」といわれた日米繊維協定が締結されたからであり，1973年を境にして，

表 1 - 2　家内労働者の都道府県別分布

(人)

	1958年	1965年	1969年	1970年	1971年	1972年	1973年
北海道	2,490	1,905	8,900	14,900	16,400	17,700	17,500
青森	3,693	260	1,700	7,000	7,100	7,300	7,700
岩手	492	1,885	3,500	5,100	3,400	3,800	4,400
宮城	1,824	1,490	5,800	5,400	5,800	6,300	7,300
秋田	869	2,110	3,800	5,000	7,900	6,500	7,200
山形	2,635	2,530	8,700	10,300	10,500	12,100	14,000
福島	4,593	10,280	23,200	30,200	25,800	24,900	27,300
茨城	10,773	6,422	7,500	11,600	24,100	33,300	36,500
栃木	13,232	10,226	10,000	54,200	56,300	54,700	56,300
群馬	25,580	20,971	28,200	33,800	34,100	36,300	37,400
埼玉	10,800	13,191	12,500	43,200	48,100	49,400	50,000
千葉	4,371	12,433	24,700	40,000	42,500	43,600	42,800
東京	139,077	202,720	300,200	330,600	313,300	302,200	301,700
神奈川	23,896	17,075	60,300	111,100	109,300	110,900	110,800
新潟	10,058	13,408	22,400	34,500	33,400	33,500	37,000
富山	15,860	17,403	32,800	31,500	31,500	29,400	30,800
石川	9,374	9,914	17,700	12,600	13,400	13,900	14,200
福井	13,653	9,997	9,500	10,700	10,300	10,600	9,500
山梨	15,625	14,143	16,700	11,100	9,800	10,300	11,100
長野	16,049	17,644	35,700	31,300	35,500	39,500	41,100
岐阜	20,283	41,921	51,200	60,700	65,700	66,500	64,600
静岡	17,175	10,352	17,700	27,700	28,100	22,500	15,100
愛知	37,443	52,242	140,000	151,000	151,900	159,200	150,300
三重	7,924	10,915	40,800	52,500	41,600	49,800	50,600
滋賀	4,964	4,346	6,200	7,500	6,300	10,800	10,600
京都	46,072	45,810	50,700	75,500	76,100	76,000	76,200
大阪	104,382	85,970	160,300	190,900	188,500	189,300	189,700
兵庫	25,808	59,910	102,900	105,300	102,100	100,800	101,300
奈良	5,158	8,446	11,200	12,200	12,000	11,200	11,500
和歌山	6,348	7,626	10,400	12,900	16,300	16,000	15,100
鳥取	2,227	5,818	9,200	10,600	10,300	9,800	9,800
島根	4,076	4,204	8,300	10,500	10,600	10,400	10,900
岡山	22,022	37,415	53,700	57,600	54,100	56,700	51,900
広島	10,075	12,161	25,000	32,800	33,000	33,200	34,300
山口	12,934	12,500	24,200	25,800	26,100	25,700	18,100
徳島	4,321	5,095	3,600	10,100	10,400	11,300	11,800
香川	24,508	19,867	20,200	31,100	27,700	32,000	25,800
愛媛	6,795	6,776	14,700	19,400	20,000	22,600	22,700
高知	945	1,697	5,000	4,100	3,800	4,400	4,000
福岡	4,217	4,843	4,800	13,900	13,100	15,000	24,200
佐賀	1,179	1,896	2,200	3,300	4,300	5,500	5,600
長崎	785	4,564	5,500	8,500	8,000	6,600	7,000
熊本	485	2,094	1,800	5,600	6,800	7,500	7,000
大分	2,950	5,264	8,900	9,500	9,600	9,600	9,900
宮崎	104	488	5,900	6,600	5,500	5,200	4,700
鹿児島	3,103	5,238	13,100	31,500	35,400	37,100	45,800
沖縄	0	0	0	0	0	0	1,300
総　計	701,227	843,465	1,431,300	1,811,200	1,805,800	1,840,900	1,844,400

注 1 : 1958年は都道府県ごとに四捨五入していないため，総計が701,400人にならない。
　　2 : 1965年も注 1 に同じく，総計が847,700人にならない。
出所 : 表 1 - 1 に同じ。

「繊維関連製品」の家内労働を中心に家内労働者数は減少の一途を辿ることになる。表1-2を見ると，東京都・大阪府・愛知県・兵庫県に家内労働者が多く，大都市のある都府県に集中している。一方で，農村部の県も家内労働者数は増加しているが，家内労働者総数に占める割合からすると，大きな伸びにはなっていない。このように，都市部への集中化がすすみ，高度成長期の都市問題の一つとして，家内労働問題がいわれることにもなったのである。[9]

　表1-3は，家内労働者の産業別分布の状況について表している。表1-3によると，「鉄鋼業」，「非鉄金属」では，家内労働者が皆無に等しい。重化学工業部門で家内労働者がほとんど見られない一方で，軽工業部門では圧倒的に家内労働者が多くなっている。中でも，1958年から1965年までの間では，「繊維関連製品」，「雑貨品」，「皮革製品」，「パルプ・紙加工品」が大きな比重を占めている。他方で，1969年から1973年までの間では，「繊維関連製品」，「雑貨品」，「電気機械器具」，「パルプ・紙加工品」が大きな比重を占めている。つまり，高度成長期を通じて，「繊維関連製品」の家内労働は増え続けるものの，「電気機械器具」や「プラスチック製品」の新しい家内労働も増え始め，家内労働の種類にも変化があったようである。作業の内容自体は，簡単な手作業であったり，簡単な道具の使用によるものと変化はないが，かつての提灯・扇子・マッチの小箱貼りなどの在来産業に属する家内労働から，ミシン仕事・刺しゅう・コイル巻き・バリ取り・ビスしめなどの家内労働が増加することになった。

（2）委託者の概況

　表1-4は，大阪府下の家内労働者について，産業別の分布状況を表したものである。1965年に約9万9000人いた家内労働者が，1969年に約15万9000人，1973年に約18万9000人へと増加している。家内労働の都市部集中もあり，高度成長期に大阪府の家内労働は増加した。[10]家内労働者の産業別分布を見てみると，1965年から1969年は，「繊維関連製品」が圧倒的に多く，「印刷・出版製品」，「パルプ・紙加工品」，「雑貨品」がそれに続いている。高度成長期を通じて，順位に入れかわりがあるが，四業種が大きな割合を占めている。特に，1965年

表 1 - 3　家内労働者の産業別分布（全国）

(人)

	1958年	1962年	1965年	1969年	1970年	1971年	1972年	1973年
食料品	4,400	4,200	3,600	9,900	16,200	20,300	23,900	23,100
繊維工業	162,400	198,100	222,800	373,800	440,800	423,200	419,000	423,600
繊維製品	178,100	256,600	223,200	365,900	509,000	521,500	563,300	555,700
木材・木製品	26,200	30,500	19,900	19,700	20,700	23,200	25,000	24,900
家具装備品	3,400	2,400	3,800	6,000	5,200	-	-	-
パルプ・紙加工品	40,200	61,100	71,200	92,800	100,700	102,500	101,900	99,800
印刷・出版	2,500	7,600	15,400	16,000	28,800	29,200	27,200	25,100
化学工業	300	7,200	6,900	1,500	3,500	0	0	0
ゴム製品	1,800	2,400	8,100	32,400	44,600	45,900	44,500	44,900
皮革製品	40,600	76,900	90,100	81,800	82,700	78,900	81,600	71,100
窯業製品	22,700	15,800	7,000	17,400	15,800	15,000	17,500	19,600
鉄鋼業	0	0	0	0	200	0	0	0
非鉄金属	0	0	500	500	700	700	0	0
金属製品	5,200	7,200	9,600	13,300	16,000	22,800	20,700	21,100
一般機械	2,200	3,000	2,300	2,300	4,800	31,500	32,800	32,500
電気機械	2,700	9,300	13,000	130,200	196,900	190,100	191,600	208,100
輸送用機械	0	500	300	3,800	5,000			
精密機械	3,200	3,000	5,900	7,600	12,100	0	0	0
雑貨品	205,500	167,600	144,100	256,200	307,500	301,700	291,900	294,900
総　計	701,400	853,900	847,700	1,431,300	1,811,200	1,805,800	1,840,900	1,844,400

注：1971年以降の家具装備品は，木材・木製品に含まれている。
出所：表 1 - 1 に同じ。

には979人しかいなかった「電気機械器具」の家内労働が，1969年には約 1 万2000人へと急増している。これは，高度成長期に家電製品の生産が増加したためであると思われる。

　つぎに，家内労働者に仕事を提供している事業所，すなわち委託者の状況について見てみよう。表 1 - 5 と表 1 - 6 と表 1 - 7 は，大阪府立内職補導所（1967年に大阪府立職業サービスセンターに改称）が，1958年から1963年にかけてと，1967年から1970年にかけて，大阪府下の委託者について調査した報告書を独自に集計し直したものである。そのうち，表 1 - 5 は委託者の経営形態別の状況について表している。表 1 - 5 によると，「個人」経営の委託者が，1958年から1963年は62.9％，1967年から1970年は52.4％と，過半数を占めている。「法人」としている委託者も，合名会社や合資会社は少なく，株式会社が多くなっ

表1-4　家内労働者の産業別分布（大阪）

(人)

	1965年	1969年	1970年	1971年	1972年	1973年
食料品	1,521	610	1,234	1,350	1,370	1,370
繊維工業	5,610	54,070	51,616	51,616	51,599	51,740
繊維製品	60,215	51,043	67,615	67,615	67,838	67,800
木材・木製品	1,800	674	1,110	1,110	1,125	1,150
パルプ・紙加工品	11,245	16,840	25,783	25,983	25,833	26,000
印刷・出版	710	449	2,787	2,817	2,847	2,800
化学工業	0	0	25	25	25	40
ゴム製品	0	4,500	4,728	4,728	5,693	5,700
皮革製品	0	0	1,665	2,365	2,270	2,300
窯業製品	12,290	9,120	6,602	4,902	4,902	5,000
鉄鋼業	0	0	35	75	80	80
非鉄金属	0	0	35	85	85	90
金属製品	0	764	1,057	1,057	1,109	1,100
一般機械	0	0	172	282	292	300
電気機械	979	12,790	9,597	7,397	7,347	7,300
輸送用機械	0	0	68	118	128	150
精密機械	0	0	0	148	163	280
雑貨品	4,475	8,227	16,607	16,842	16,440	16,500
その他	200	0	0	0	0	0
総　計	99,036	159,087	190,736	188,515	189,146	189,700

注1：1965年については，山本正治郎（1971）を参照した。
　2：1965年の総計が99,045人になるが，原文のママにした。
　3：表1-2とは必ずしも一致していない。
出所：山本正治郎（1971），厚生労働省大阪労働局の資料により筆者作成。

表1-5　委託者の経営形態別分布（大阪）(%)

	1958〜1963年	1967〜1970年
個　人	62.9	52.4
法　人	36.7	47.4
不　明	0.4	0.2
総　計	100.0	100.0

出所：大阪府立内職補導所（1958〜1960），大阪府
　　　立内職補導所（1961〜1963），大阪府立職業
　　　サービスセンター（1968〜1970）より筆者
　　　作成。

表1-6　委託者の経営規模別分布（大阪）(%)

	1958〜1963年	1967〜1970年
1〜4人	32.8	28.0
5〜9人	27.4	30.4
10〜19人	20.3	18.6
20〜29人	7.6	7.7
30〜49人	6.3	7.2
50〜99人	3.8	5.6
100〜199人	1.5	1.4
200〜499人	0.2	1.0
500〜999人	0.1	0.1
1,000人以上	0.0	0.0
総　計	100.0	100.0

出所：表1-5に同じ。

表 1 - 7　委託者の地域別構成（大阪）

(%)

	1958～1963年	1967～1970年		1958～1963年	1967～1970年
北　　区	7.0	3.0	東淀川区	2.6	1.4
都 島 区	2.2	6.2	東 成 区	9.2	4.4
福 島 区	8.5	4.2	生 野 区	5.7	7.5
此 花 区	1.5	1.0	旭　　区	3.8	5.7
東　　区	8.3	13.2	城 東 区	7.0	13.1
西　　区	2.5	1.8	阿倍野区	3.5	1.7
港　　区	0.6	0.7	住 吉 区	1.2	1.4
大 正 区	0.6	0.5	東住吉区	1.2	5.2
天王寺区	4.2	3.7	西 成 区	3.5	4.3
南　　区	0.5	2.5	北　　部	5.3	1.8
浪 速 区	1.7	1.0	東 南 部	6.5	6.0
大 淀 区	4.3	3.8	南　　部	7.1	5.0
西淀川区	1.5	0.9	総　　計	100.0	100.0

出所：表 1 - 5 に同じ。

　ているようである。表 1 - 6 で，委託者の経営規模別の状況について見てみる
と，1958年から1963年と，1967年から1970年の両時期を通じて，約 8 割近くが，
従業員20人未満の事業所であり，零細経営であることがわかる。

　家内労働者に仕事を提供している事業所に共通する特徴は，簡単な機械・道
具でできる作業や手作業でできる仕事を扱っていたり，多品種少量生産のため
に工場内での流れ作業方式を採用できない仕事や，季節によって繁閑が激しい
仕事を扱っているということである。さらに，零細経営の事業所が圧倒的に多
いことからも，経営していく上で家内労働を必要としているようである。それ
は，家内労働者の工賃が雇用労働者の賃金よりも安上がりで，労務管理費や余
計な機械設備の費用がかからないという利点があるからである。

　表 1 - 7 で，委託者の地域別の分布状況を見てみると，委託者の多い地域と
少ない地域があることがわかる。例えば，城東区・東成区・生野区・布施市
（現東大阪市）は，両期間を通じて比率が高い。この地域は，産業集積地域であ
り，中小企業の多い地域であった。主に，「パルプ・紙製品加工業」，「玩具製
造業」，「造花加工業」，「洋傘骨製造業」の委託者が多かった。大阪市内では，
東区（現中央区）が次に多い地域となっている。中でも東区の船場は，繊維問
屋で栄えた町であり，「ワイシャツ・カッター・ブラウス製造業」の委託者が

多かったようである。つぎに，北区と福島区が多いが，これは主に「メリヤス製造業」の委託者の占める割合が大きい。その他に特色ある地域として，浪速区や西成区があげられる。この地域は，高度成長期以前から「履物製造加工業」の委託者が多い地域となっていた。[12]一方，大阪府南部を見ると，泉大津市の「メリヤス製造業」，泉佐野市の「タオル製造業」，和泉市の「人造真珠製造業」の委託者が大きな割合を占めていた。大阪府東南部では，河内長野市・富田林市の「木竹製品製造業」，富田林市の「グラスボール製造業」，柏原市の「ボタン加工業」，八尾市の「ブラシ加工業」の委託者が多く，特色ある地域となっていた。[13]

　このように，それぞれの地域によって，特色ある家内労働が存在するのであるが，どれくらいの種類の家内労働があったかを正確に知ることは難しい。大阪府立内職補導所（1963）によると，大阪府下の内職市場に流通している家内労働は，集計すると761種類となっている。その内訳を，内職職種中分類で集計すると，「A 食料品」は 2 種，「B 履物」は61種，「C その他の繊維一次製品」は14種，「D 洋裁」は44種，「E 和裁」は50種，「F 下着身の廻り品」は53種，「G 刺しゅう」は87種，「H その他の繊維二次製品」は34種，「I 木竹藤製品」は 6 種，「J 紙製品」は166種，「K 製本・印刷製品」は19種，「L 化学製品」は24種，「M ゴム製品」は 1 種，「N 皮革製品」は 2 種，「O 石・粘土・ガラス製品」は14種，「P 金属製品」は27種，「Q 電気機械器具」は20種，「R 輸送用設備」は 0 種，「S 玩具遊戯品」は12種，「T 履物」は 1 種，「U 造花」は15種，「V その他の各種製品」は18種，「W 包装荷造」は79種，「X 各種加工」は 4 種，「Y 事務内職」は 4 種，「Z その他」は 4 種となっている。このことからも，人々の生活に関係するあらゆる商品が，家内労働者の手を経て生産されていたということがわかるであろう。

　このように，大阪府は，「繊維関連製品」，「印刷出版製品」，「パルプ・紙製品」，「雑貨品」の家内労働を中心として，多種多様な家内労働があった。例えば，1951年に大阪市立大学経済研究所が家内労働実態調査をした時に，大阪府下の代表的な家内労働を，洋傘骨・造花・紙袋貼り・ミシン仕事の四業種とし

ていた。高度成長期を通じて，マッチの小箱貼り・塩化ビニール造花・人造真珠・サンダル・洋傘骨・扇子・竹すだれの家内労働は減少し，代わりに家庭用ミシンの普及による刺しゅうや，家電製品の普及による「電気機械器具」の家内労働が増えた。しかも，家内労働を提供している事業所は，上述したように従業員20人未満の零細経営がほとんどであった。

4　世帯主の社会階層と家計収入

　家内労働者の世帯主が，どのような社会階層に属する人たちで，どれくらいの家計収入があったのかを明らかにするために，1956年と1968年に実施された家内労働者調査を比較する。

　1956年に家内労働者調査を行ったものとして，『大阪府における家庭内職従事状況実態調査報告』がある[14]。この調査報告書は，大阪市各区・府下の衛星都市・郡部から10カ所の調査地区を選定し，地区内にある調査対象世帯（約8000世帯）の悉皆調査をした報告書である。この1956年調査によると，家内労働者の約90％以上が女性であり，家内労働従事世帯の49.8％が26〜40歳で占めている。家族構成は，調査世帯の約70％が3〜5人の世帯であり，家内労働従事世帯でも約60％以上が，3〜5人の世帯である。8人以上の世帯は約3％程度しかいない。さらに，家内労働の就業状況について見てみると，家内労働による平均月収は2369円であり，1日の平均労働時間は6.97時間で，1カ月あたり平均21.4日のあいだ家内労働に従事している[15]。

　表1-8は，家内労働者の世帯主の社会階層について表したものである。表1-8によると，家内労働者のうち，「現場労働者」は39.9％，「会社員」は22.8％，「自営業者」は7.2％，「失業中か無職」は10.1％，「日雇労働者」は2.9％である。このことは，家内労働が主に，新中間層や労働者層の主婦によって担われていることを示している。また，世帯主が「日雇労働者」の主婦は，あまり家内労働に従事していない。

　次に，家内労働従事世帯の家計収入について，1956年調査によると，平均月

表 1 - 8　家内労働者の世帯主の社会階層　(%)

	1939年	1951年	1956年	1968年
工場労働者	44.8	27.4	39.9	29.7
会社員	5.4	27.4	22.8	43.6
自営業者	1.7	4.1	7.2	9.8
無職	11.8	8.7	10.1	7.4
日雇労働者	6.4	3.9	2.9	0.0
その他	29.9	28.5	17.1	9.5
総　計	100.0	100.0	100.0	100.0

注：1939年については，大阪市立大学経済研究所編（1954）の24頁
　　の表記に従った。
出所：大阪市社会部（1940），大阪市立大学経済研究所編（1954），
　　　大阪府立内職補導所（1957），大阪府立職業サービスセンター
　　　（1969a）より筆者作成。

収は家内労働従事世帯が 1 万7188円，家内労働希望世帯が 2 万108円，非希望
世帯は 2 万2137円となっている。収入階層別に見た家内労働との関係について，
家内労働従事世帯は低収入であり，家内労働希望世帯や非希望世帯へとなるに
つれて，収入が高くなっている。収入階層別に見た家内労働を希望しない理由
について表 1 - 9 を見ると，8000円未満の収入階層で，家内労働を希望しない
世帯の31.1％が「家内労働以外の仕事で働いている」と答えている。一方で，
2 万8000円以上の収入階層で，37.4％は「収入が足りている」，32.8％が「家
事が忙しい」としている。このことから，8000円未満の収入階層の主婦は家内
労働以外の仕事で働いており， 2 万8000円以上の収入階層の主婦は収入が足り
ていたり，家事が忙しくて家内労働が必要でないようである。逆に，家内労働
従事世帯のうち，家内労働に従事している理由を表 1 -10で見てみると，
80.6％が「収入の不足」と答えている。すなわち，1956年頃の家内労働は，
1 万円から 2 万円程度の収入階層にある労働者層や新中間層の主婦が主な担い
手であり， 3 〜 5 人の家族を維持するために家計補充の役割を果たしていたの
である。
　一方で，1968年に家内労働者調査を行ったものとして，『内職就業基本調査
結果報告書』がある。[16]この調査は，大阪府全域から一定の方法で抽出された約

表1-9　収入階層別に見た家内労働を希望しない理由（1956年と1968年）

(A)1956年の場合

(％)

	8,000円未満	8,000~12,000円未満	12,000~16,000円未満	16,000~20,000円未満	20,000~24,000円未満	24,000~28,000円未満	28,000円以上
収入が足りている	3.0	13.1	11.1	16.5	22.6	30.0	37.4
家事が忙しい	15.0	28.9	42.1	39.8	38.7	34.7	32.8
内職工賃が安すぎる	1.2	1.3	3.7	3.8	3.7	1.9	2.4
内職以外で働いている	31.1	20.7	14.8	12.7	11.4	13.8	14.7
体が悪い	46.7	28.2	21.9	17.7	16.8	13.1	9.8
諸事情のため	1.2	6.5	5.7	8.7	6.5	6.1	2.7
その他	1.8	1.3	0.7	0.8	0.3	0.4	0.2
総　計	100.0	100.0	100.0	100.0	100.0	100.0	100.0

(B)1968年の場合

(％)

	20,000円未満	20,000~30,000円未満	30,000~40,000円未満	40,000~50,000円未満	50,000~60,000円未満	60,000~70,000円未満	70,000~80,000円未満	80,000~90,000円未満	90,000~100,000円未満	100,000円以上
収入が足りている	6.5	8.0	11.0	12.6	19.7	24.3	28.9	26.5	37.1	52.4
家事が忙しい	5.6	16.0	36.5	46.2	41.2	37.4	30.7	30.5	26.6	16.4
内職工賃が安すぎる	4.7	4.7	4.9	4.6	4.3	2.9	1.4	2.0	1.5	1.3
内職以外で働いている	16.1	27.1	25.1	22.4	22.4	23.9	25.7	27.2	29.7	23.1
体が悪いなど	66.1	42.7	20.8	12.1	10.1	9.3	10.0	10.8	4.5	5.4
その他	0.0	1.5	1.7	2.1	2.3	2.2	3.4	3.0	0.6	1.4
総　計	100.0	100.0	100.0	100.0	100.0	100.1	100.1	100.0	100.0	100.0

注1：1968年については，大阪府立職業サービスセンター（1969a）より独自に集計して作成。
　2：横軸はそれぞれの収入階層を表しており，縦軸は家内労働を希望しない理由を表している。
　3：上段の(A)は1956年の場合であり，下段の(B)は1968年の場合を表している。
出所：大阪府立内職補導所（1957），大阪府立職業サービスセンター（1969a）より筆者作成。

表1-10　家内労働に従事している理由

(％)

	1951年	1955年	1956年	1968年
収入の不足	95.1	84.6	80.6	66.4
暇があるから	1.3	10.6	19.4	30.0
その他	3.6	4.8	0.0	3.6
総　計	100.0	100.0	100.0	100.0

注：その他には「技術を身につけたいから」が含まれている。
出所：大阪市立大学経済研究所編（1954），労働省婦人少年局（1955），
　　　大阪府立内職補導所（1957），大阪府立職業サービスセンター
　　　（1969a）より筆者作成。

8000世帯を対象に調査した報告書である。この1968年調査によると，家内労働者の約90％以上が女性であり，家内労働従事世帯の57.7％が26〜40歳で占められている。家内労働の就業状況について見てみると，家内労働による平均月収は8800円であり，1日の平均労働時間は5.1時間で，1カ月あたり平均19.1日のあいだ家内労働に従事している。[17]

　表1-8で，家内労働者の世帯主の社会階層について見てみると，家内労働従事世帯のうち「現場労働者」は29.7％，「会社員」は43.6％，「自営業者」は9.8％，「失業中か無職」は7.4％である。「日雇労働者」についての項目はなかった。1956年調査と比べると，1968年調査では労働者層の比率が減少し，新中間層の比率が増加している。

　次に，家内労働者の家計収入について，1968年調査によると，平均月収は家内労働従事世帯が5万4000円，家内労働希望世帯も5万4000円，非希望世帯は6万3000円となっている。収入階層別に見た家内労働を希望しない理由について，表1-9を見ると，「家内労働以外で働いている」と答えた世帯がどの収入階層にも約20％程度いる。これは，パートタイム労働を導入する企業が増えたため，家内労働よりもパートタイム労働を就業選択したのではないかと思われる。6万円以上の収入階層で，「収入が足りている」と答えた世帯が約25％，「家事が忙しい」が約30％いることから，6万円以上の収入階層では家計補充のために家内労働をすることを必要としていないようである。一方で，3万円未満の収入階層では，「体が悪い」などの理由で家内労働を希望していない世帯が多い。[18]表1-10で，家内労働従事世帯のうち家内労働に従事している理由を見てみると，66.4％が「収入の不足」と答えている。このように，1956年に比べて比率は下がるものの，依然として家内労働が家計補充の役割を果たしていたようである。すなわち，1968年頃の家内労働は労働者層と新中間層の主婦が主な担い手であり，1956年に比べて新中間層の主婦が家内労働に従事する比率が高かった。また，家内労働に従事する理由に，「暇があるから」と答えた世帯が30.0％に増えた。しかしながら，家内労働に従事する理由に「収入の不足」と答えた主婦が依然として多いことからも，家内労働が家計補充の役割を

果たしていた。しかも，家電製品の普及によって家事労働の負担の減少した新中間層の主婦が，家計を圧迫する子供の教育費や住宅費などに充てるため，家内労働に従事していたのである。

5　家内労働とパートタイム労働

　一方で，パートタイマーに目を転じると，1963年頃から労働力不足のために，パートタイマーが増加し始める。総理府の『労働力調査』で，非農林業女子雇用労働者数のうち，週35時間未満の短時間就業者数を見てみると，1967年で114万人，1968年で112万人，1969年で119万人，1970年で130万人，1971年で143万人，1972年で146万人，1973年で170万人となっている。地域では，都市部に比較的多くなっている。家内労働の場合と同じように，高度成長期を通じて都市部を中心に増加している。

　パートタイマーを雇用している事業所を産業別に見ると，「製造業」が最も多く，次に「サービス業」，「卸売・小売業」であり，これらでパートタイマー雇用事業所の約 8 割以上を占めている。そのうち，「製造業」では，「電気機械器具」，「繊維工業」，「食料品」に多い。より詳しく見てみると，サービス職業，技能工生産工程作業，単純労働に多く，家内労働の場合と同じように熟練を必要としない作業である。

　1965年に，労働省が女子パートタイマーについて調査した『パートタイム雇用の実情』によると，30〜39歳が43.5％，40〜49歳が28.7％，50歳以上が10％であり，約 8 割以上が中高年で占められている。配偶関係では，97％が既婚者であるため，女子パートタイマーには30歳以上の既婚婦人が多いようである。また，パートタイム就業している理由のうち約70％以上が「生活費の足しにする」と答えていることから，パートタイム労働は，家計補充の役割を果たしていたということを示している。30歳以上の既婚女性が家計補充のために働くという点では，家内労働と共通している。

　次に，パートタイム就業している人の世帯主の社会階層について見てみると，

「自営業者」が6.3％，「つとめ人」が87.5％となっている。「つとめ人」のうち，「専門・管理・事務」に従事する人を新中間層とすると，新中間層は18％であり，残りの82％が「専門・管理・事務」以外に従事する人で，労働者層である。このことから，主にパートタイム労働の担い手は，労働者層の主婦であったということがわかる。しかも，先の1956年と1968年の家内労働者調査で，かつて労働者層の主婦が家内労働の主たる担い手であったが，高度成長期を通じて新中間層の主婦の占める割合が大きくなったと述べた。このことと照らし合わせて考えると，労働者層の主婦はかつて家内労働に従事していたが，労働力不足によって企業がパートタイム労働を導入し始めると，家内労働よりもパートタイム労働を就業選択したのではないかと思われる。実際に，総評主婦の会が「内職大会」で調査したところによると，1966年から1972年にかけて，「パートをする前に家内労働に従事していた」と答えた人が，毎年必ず50％程度いる。[20]以上のことから，高度成長期を通じて，家庭の主婦は家計補充のための「やりくり」として，家内労働やパートタイム労働に従事していたと考えられる。[21]

6　内職・家内労働と家族の変容

　かつて内職・家内労働とは，恥ずかしいことであり，極貧の象徴であるかのように考えられた。そのため人目につかない所で隠れて従事することが多く，家族の誰かが家内労働に従事せずには生活を営むことが難しかった。しかしながら，高度成長期に，家内労働をしている家庭の主婦は，家族や夫に対して献身的な女性と見られるようになった。なぜなら，家内労働ほど根気と忍耐力が試されるものはなく，家内労働をするという行為は，まさしく報われることのない献身的な営みであったからである。

　それでは，なぜ，報われない献身的な家内労働に従事しなければならなかったのであろうか。実は，1955年以降から，主に「夫婦とその子供の世帯」と「夫婦だけの世帯」の核家族世帯が増加し始める。その比率は，約55〜60％程度であり，三世代同居の拡大家族世帯が約25〜30％程度であるのと対照的な増

加が見られるようになる。拡大家族世帯では，財産や家名の継承が重んじられたのに対して，核家族世帯では両性間の愛情が重視されるようになった。一方，離婚の理由についても，両性の「性格の不一致」が最も多く，両性間の愛情が重視されるようになった。それゆえ，高度成長期に核家族世帯が社会全体で大きな割合を占めるようになった時，夫は家族のために猛烈に働くこと，一方，妻はきめ細やかな配慮と献身的な自己犠牲を引き受ける内助の功が求められたのである。

　また，高度成長期に家電製品が急速に普及したことも，家庭の主婦が家内労働に従事する理由の一つになっている。いわゆる「三種の神器」である「テレビ・電気洗濯機・電気冷蔵庫」が，1960年代に普及した。その他に自動炊飯器や電気掃除機なども普及し，家事労働の負担は減少することになった。また，「カラーテレビ・クーラー・自動車」といった「3C」も普及するようになり，高度成長期を通じて消費水準が上昇することにもなった。このように，消費水準が上昇するようになった理由として，当時の人々にとって，快適な生活を実現することは強い憧れであったことがあげられるであろう。実際に，人々は自分の所属階層を子供たちが引き継ぐことを望まなかったし，自らもそこから離脱・上昇したいと強く望んでいた。このことは，子供の教育費を始めとして，快適な生活を実現するための費用の割合が増え，家計のゆとりが奪われていくことを意味していたのである。例えば，家内労働者調査で家内労働に従事する理由に多いのが，「子供の教育費に充てる」や「家計の足しにする」あるいは「小遣いが欲しい」である。そこには，子供には良い学校へ行かせてやりたいという強い上昇志向と，妻の「家計のやりくり」を垣間見ることができる。すなわち，核家族世帯が快適な生活を実現するために，家計の硬直化に対して妻自身の支出の切りつめによる「自己犠牲」と，家内労働による家計補充といった「家計のやりくり」をしていたのである。

　当時の社会規範では，核家族世帯は労働者たちにとって憧れであり，家族内の家事・育児労働は妻がその主たる担い手であった。家庭の主婦たちは，この家族の枠組みの中で家事・育児を引き受けながら少しでも家計にゆとりができ

るように，家内労働やパートタイム労働の就業選択を行ったのである。

　なお，本章で明らかとなったことは，以下の通りである。

　まず第一に，家内労働者の概況について見ると，高度成長期を通じて家内労働者が急増していることである。しかも都市部への集中化がすすみ，東京都・大阪府・愛知県・兵庫県に多くなっている。産業別の分布では，軽工業部門に多く，重化学工業部門ではあまりいないことがわかった。家内労働の種類も，マッチの小箱貼りは減少し，代わりに「電気機械器具」の家内労働が増加している。

　第二に，委託者の概況について見ると，家内労働者に仕事を提供している事業所のほとんどが，従業員20人未満の零細経営である。これは，仕事の性質や経営していく上で家内労働を必要としていたようである。さらに，地域別の分布状況を見てみると，大阪府は「繊維関連製品」，「印刷・出版製品」，「パルプ・紙加工品」，「雑貨品」の家内労働を中心として，多種多様な家内労働があったことがわかった。

　第三に，家内労働者の世帯主の社会階層と家計収入について見ると，労働者層と新中間層の主婦が家計補充として家内労働に従事していたことがわかった。しかも，第一次成長期では労働者層の主婦が多かったが，第二次成長期では新中間層の主婦が多くなっていた。さらに，家内労働に従事する理由について見ると，高度成長期を通じて「収入の不足」と答えた世帯が最も多いが，第二次成長期では「暇があるから」と答えた世帯が増加した。これは，家電製品の普及によって家事労働の負担の減少した主婦が，家計を圧迫する子供の教育費や住宅費などに充てるため，家内労働に従事していたと思われる。

　第四に，高度成長による労働力不足のために，第二次成長期からパートタイマーが急速に増加していることである。パートタイム労働は，30歳以上の既婚女性が家計補充のために働くという点では，家内労働と共通していることがわかった。

注

⑴　大阪府下のタオル製造業と紳士既製服製造業の家内労働については，山本正治郎・巽信晴（1970）と，山本正治郎（1974c）がある。

⑵　横山源之助（1949）51-52頁。

⑶　同上（1949）158頁。

⑷　間宏編（1994）5頁。

⑸　労働省労働基準局『家内労働のしおり』各年度版を参考にした。

⑹　家内労働の三類型については，臨時家内労働調査会編（1966）を参考にしている。また，家内労働の類型化については，諸説様々である。諸論者の類型化については，神尾京子（1985）を参照。

⑺　仲介人の中には，代理人的仲介人と請負的仲介人と呼ばれる人がいる。代理人的仲介人は，取扱い高に応じて一定の手数料を委託者から受け取っている（外口銭）。請負的仲介人は，家内労働者の工賃から手数料を取っている（内口銭）。

⑻　小口賢三（1966）54頁。

⑼　家内労働を都市問題として扱ったものとして，江口英一（1967）がある。

⑽　1965年頃から，団地での内職・家内労働が増加した。特に，千里ニュータウンや枚方市の団地に多かったようである。千里ニュータウンに関しては，大阪府立職業サービスセンター（1970）を参照されたい。

⑾　家内労働法第2条第3項によると，委託者とは，「物品の製造，加工等若しくは販売又はこれらの請負を業とする者その他前項の労働省令で定める者であつて，その業務の目的物たる物品（物品の半製品，部品，附属品又は原材料を含む。）について家内労働者に委託をするものをいう」となっている。

⑿　杉原薫・玉井金五編（1996）第3章を参照。

⒀　とりわけ，小物玩具・塩化ビニール造花・洋傘骨・歯ブラシ・ヘヤーブラシ・つまようじ・人造真珠の生産で，大阪の占める割合が大きかったようである。

⒁　大阪府立内職補導所（1957）を参考にした。

⒂　労働省『毎月勤労統計特別調査』によると，1959年の製造業（1～4人）の女子労働者の賃金月収額が4836円であり，1日の平均労働時間は8.8時間，1カ月あたり平均24.8日仕事をしている。

⒃　大阪府立職業サービスセンター（1969a）を参考にした。

⒄　労働省『毎月勤労統計特別調査』によると，1969年の製造業（1～4人）の女子労働者の賃金月収額が2万767円であり，1日の平均労働時間は7.9時間，1カ月あたり平均24.8日仕事をしている。

⒅　生活保護受給世帯は，生活保護受給額が減額されるため，家内労働に従事しない傾向にある。例えば，大阪市民生局編（1973）によると，生活保護受給世帯のうち家内労働に従事している世帯は，1965年で4.1％であり，1972年で2.1％と，実数も比率もともに減少している。

⒆　労働省婦人少年局（1965，1966）を参考にした。

⒇　総評主婦の会『内職大会資料』1968～1973年分によると，パートをする前に家内労働をしていたと答えた人は，1966年で50.1％，1967年で51％，1968年で52％，1969年で52％，1970年で50％，1971年で48％，1972年で46.7％である。

㉑　大阪府立職業サービスセンター（1969b）が，家内労働希望者に家内労働を紹介した

後に，その人が紹介した家内労働を継続しているかどうかの追跡調査を行っている。それによると，家内労働を継続している人と別の家内労働に変えた人の違いは，1日の平均就業時間では6.5時間と4.8時間，1カ月の平均就業日数は23.3日と24.7日，1カ月の平均工賃収入は6540円と7000円，時間あたりの平均工賃は43円と58円となっている。ここからも，主婦が常に主体的に条件の良い家内労働を選択していたということがうかがえる。

⑵ 家電製品の普及によって，主婦が家事労働から解放されたかどうかは定かではない。というのも，家電製品の普及により重労働の家事は減少したであろうが，一方で男性が家事労働をほとんどしなくなったため，女性の家事労働時間が長くなっているようである。

⑵ 妻自身の支出切りつめによる自己犠牲については，前田正久・湯本和子・松村祥子（1971）を参照。

第2章

家内労働法制定をめぐる政策論議
——高度成長期の日本を中心に——

1 家内労働法の特質は何か

1990年代以降の日本は，長期にわたる不況の影響もあり，パートタイム労働者や派遣労働者といった非正規雇用が増大している。同時に就業形態の多様化もすすみ，内職・家内労働や日雇だけでなく，請負労働や在宅ワークなどの新しい働き方が生まれてきている。この動向は先進国に共通して見られ，1996年6月20日にはILO 第83回総会で，「Home Work（在宅形態の労働）条約」（第177号条約）が採択されるまでになっている[1]。日本でも2000年3月4日に在宅就労問題研究会が発表した「最終報告書」を受けて，同年6月14日に労働省が「在宅ワークの適正な実施のためのガイドライン」を策定しているが，現行の家内労働法を改正するのか，あるいは全く新しい立法を別個に制定するのかについては決着がついていない[2]。それゆえ，今一度，家内労働法制定をめぐる議論とその背景にある基本的な考え方について，その政策過程を分析しておく必要があるのではないだろうか[3]。

振り返ると，日本の家内労働法は，高度成長が始まる頃から立法化が望まれていたのに，それが制定されたのは1970年である。1950年代から家内労働法制定をめぐる議論があったにもかかわらず，労働市場の下層の劣悪な状態が政治課題として表面化してこなかったのである。そこで本章では，いつ頃どのような議論があり，いかにして家内労働法が制定されたのかについて分析し，日本の家内労働法がもつ特質について明らかにしたい。なお，家内労働法制定まで

の政策論議を分析するにあたり，1950年から1959年まで，1959年から1970年までの二つに時期区分することにした。それぞれ，政策論議の「萌芽期」と「高揚期」に，節ごとに対応するようになっている。最後に，政策論議の帰結として本章の要点を整理した上で，在宅ワークの問題について考えるための課題提起を行うことにする。

2　萌芽期の政策論議

（1）GATT 加盟問題

　日本では戦後の民主化政策で，1947年4月7日に労働基準法が公布されている。この時の労働基準法は，家事使用人・国家公務員（一般職）・船員・家内労働者を適用除外としている。家内労働者は雇用労働者でないという理由で，適用除外とされたのである。労働基準法は不備な点も多く，実際の労働基準行政も監督官職員が業務量に比べて不足しており，定期監督率も低く抑えられていたようである。[4] それでも，中小企業の多い日本では，経営を圧迫し，企業の倒産や大量の失業者を生み出しかねないと懸念する声があった。しかし，戦後の経済復興も軌道に乗るようになり，1950年頃には，政府が労働基準法改正へ向けて動き始めるようになる。その背景には，イギリスが日本の GATT（関税及び貿易に関する一般協定）加盟に強く反対していたからという理由がある。戦前から日本のソーシャルダンピングに対する批判は根強く，日本も GATT に加盟するのであれば，法整備を行う必要が生じたのである。

　このため，1951年5月に G.H.Q.（連合国軍最高司令総司令部）のリッジウェイ司令官の声明が発表され，中央労働基準審議会で労働基準法について本格的に検討するようになる。同審議会の山中篤太郎会長は，かつて西陣織の賃織について実態調査を行っており，労働基準法の観点からも，家内労働への規制が必要であるという考えを持っていた。[5] 例えば，「労働基準法は行き過ぎどころでなく，大穴を持っているということを強調したい。つまり，基準法は家内労働者を放置している[6]」のであり，「他の種々な理由をも併せて，労働基準法修正

の意味で家内労働法制定を強く主張する。…（中略——引用者）…法解釈としては家内労働は労働基準法の外にあり，したがってその法改正問題にならぬとも言えるが，実質的には正に基準法の欠陥であり，基準法の効力そのものの問題であって，基準法と不可分だと言える[(7)]」と主張している。同審議会は，1952年3月15日に「労働基準法の改正に関する答申ならびに建議」を発表しているが，山中会長の考えを強く反映した内容となっている。これについて，労働基準法の改正以外に，家内労働法の制定についても建議している点で注目する必要がある。第二読会の公益委員の説明でも，「家内労働のための特別最低賃金公定の制度及び機構を作り，その作業条件の安全衛生水準を改善し，幼少年労働を制限する等の内容をもった家内労働法を制定することは家内労働のために必要であるのみならず，労働基準法の基準地盤を確保するために不可欠であり，又その意味では，労働基準法の改正そのものと同義に解されるべき必要時である[(8)]」と述べている。しかしながら，家内労働法の制定について指摘するだけであり，具体的な方法については，全く述べられないものに留まっている。

　一方，1950年頃から，ソーシャルダンピングに対して，G.H.Q. から労働基準法の改正以外に最低賃金法の制定について指摘する声が出始める。例えば，G.H.Q. のエーミス労働課長は，「物価もほぼ安定し，フロア・プライス制も廃止された。英米はこれによって，日本のソーシャルダンピングを警戒している。このような情勢にある以上，最低賃金制の方法につき考慮すべき段階にある[(9)]」という発言をするようになる。これを受けて，政府は労働基準法第29条に基づき，1950年11月5日に中央賃金審議会を開催することになる。同審議会は，約3年半もの間に，総会を32回，打ち合わせ会を9回も開催している。中でも，1951年7月の第10回大会では，最低賃金制は一般産業の労働者を対象とするものと，低賃金業種の二本立てとし，併せて家内労働者のための最低賃金制も検討するとされた。1954年5月21日に，労働大臣へ提出した「最低賃金制に関する答申」では，最低賃金法の施行と公正競争の確保のため，別個の家内労働法を制定すべきとされている。また最低賃金法についても，賃金支払い能力の低い4業種に対して，経営の圧迫を緩和するため，8項目の優遇措置を実施すべ

きとしている。⁽¹⁰⁾しかしながら，4業種のみに優遇措置を実施することは難しいとの理由から，答申は受け入れられず，最低賃金法も制定されなかったのである。その背景には，そもそも1953年に，日本はGATTへの仮加盟が決定したため，早急に最低賃金法を制定しなくてもよくなったという事情がある。すなわち，「当時イギリスはわが国がGATTに加盟することに強く反対していたので，それが可決になるまでは，最賃制の審議を引き延ばし，それが決まるや否や，答申を無視したのであった。最低賃金制の審議は，GATT加盟への単なる手段・カモフラージュとして使用された」⁽¹¹⁾のであった。

こうして，「外圧」によって提起された問題は，労働基準法の改正や最低賃金法の制定について議論を呼び起こすこととなった。家内労働についても，それらの議論の中で論じられてはいたが，指摘するだけに留まり，具体的な対策については全く触れられなかった。⁽¹²⁾というのも，当時は生活保護制度も不十分だったので，戦後のインフレによって増大した生活困窮者に対して，授産所の「内職」で対応することにしていた。家内労働の中でも，とりわけ「内職」については，福祉の性格を含んでいたのである。⁽¹³⁾このため，具体的な家内労働に対する政策について，触れずにいたと思われる。⁽¹⁴⁾最低賃金法の制定についても，インフレを引き起こす原因になるとか，労働生産性の向上が先であるとの批判が強かった。「外圧」によって提起された問題は，具体的な法制化に進むことなく，日本のGATT仮加盟で沈静化するようになるのである。

（2）最低賃金法の制定

しかしながら，そう上手く物事は進まない。1955年に日本がGATTへ正式に加盟した頃から，「1ドル・ブラウス」問題がアメリカから浮上してくる。「1ドル・ブラウス」問題とは，日本から輸出されたブラウスが，アメリカで1ドルで販売されたために不買運動が起こり，アメリカからソーシャルダンピングであると非難された問題のことである。一旦，沈静化したかに見えた問題は，再び「外圧」によって息を吹き返すようになる。つまり，この問題に対して，各方面から具体的な政策論議が，湧き上がってくるようになるのである。

　例えば，朝鮮戦争の勃発により，1950年7月11日にG.H.Q.の指導のもと結成された総評（日本労働組合総評議会）は，結成当初から賃金問題に強い関心を寄せている。1956年12月15日の第4回総会では，家内労働法を単独立法として法制化するよう家内労働法要綱を決定している。要綱では，最低工賃の額は，全国一律最低賃金8000円と同額と定めるように盛り込んでいる。また，1957年には，中央賃金審議会に対して，日本国憲法第25条の見地から，家内労働者の「健康で文化的な生活」を確保するように要請書を提出している。総評が，家内労働者の最低工賃を最低賃金額とリンクするように強く要求している理由は，雇用労働者を中心として組織された組合であるため，家内労働者の低工賃が原因で，雇用労働者の賃金が値崩れするのを防ぐためである。

　次に，とりわけ左派の社会主義協会を中心として，総評と親密な関係にある社会党（日本社会党）の動きを見ると，1957年2月26日に家内労働法案を最低賃金法案とともに，第26回国会へ提出している。同法案は，1959年2月21日に社会党が撤回するまで，継続審議されている。1957年の社会党案の特徴は，総評の影響が強く反映されていることである。例えば，最低工賃は都道府県労働基準局長が物品ごとに決定することとし，最低工賃額は最低賃金額とリンクするように提案している。家内労働法案と最低賃金法案が同時に提出されたことからも，家内労働者の低工賃を規制し，雇用労働者の賃金を保護しようとする意図が見て取れるであろう。また，監督組織として家内労働監督官を置くという点は興味深いが，安全衛生面の確保については提案されていない。労働時間や作業環境の規制についても，詳細な調査を行うとしただけで，多くの課題を残す法案となっている。

　それでは，総評や社会党以外ではどうであろうか。1954年4月22日に，協調主義を目的に総評から分裂し結成された全労会議（全日本労働組合会議）は，1957年2月22日に最低賃金法要綱（試案）を作成している。全労会議の試案では，家事使用人や家内労働者も法律の適用対象とし，最低工賃は最低賃金委員会が決定するとなっている。また，自民党（自由民主党）は，同年6月11日に労働問題特別調査会第一分科会で，最低賃金法要綱試案を作成している。自民

党案では，雇用労働者や船員以外に家内労働者にも必要な範囲で適用し，最低賃金法の有効な実施のため，必要な範囲で家内労働の最低工賃を定めるとしている。すなわち，総評や社会党が別個の家内労働法を提案していたのに対して，全労会議や自民党は，最低賃金法で家内労働に対処しようと考えていたのである[16]。

　これらに対し，財界の労務対策本部として，1948年4月12日に創設された日経連（日本経営者団体連盟）は，反対の態度を見せている。日経連は，1957年1月10日に，ソーシャルダンピングの防止のためにも家内労働法が制定されるべきであるが，制定には家内労働の複雑多岐な実態把握が先決課題であると，出版物を通じて発表している[17]。もともと，最低賃金法に乗り気でなく，総評と全面対決の姿勢を見せていた日経連は，家内労働の複雑な性質を盾にして，家内労働の規制に反対する戦略を採ったのである。

　一方，政府の側では，1957年5月25日に，臨時労働基準法調査会が「労働基準法の改正の要否等に関する答申」を労働大臣へ提出している。というのも，かねてから労働基準法は，中小企業を中心とする日本経済の実態に適合せず，経済を安定させるためにも，労働基準法を改正すべきとする声が，経営者側から出ていた。これを受けて，1955年8月9日に，臨時労働基準法調査会が設置されている。本来であれば，中央労働基準審議会で，労使の代表が参加するのであるが，中立の立場から学識経験者18人で構成することになった。答申では，業種や地域によっては，中小零細企業と家内労働が激しく競争している実態について指摘している。このような場合，家内労働については規制がないため，結果として中小零細企業を家内労働に転落させることになっているという。このような見地から，特定業種や特定地域の家内労働について規制を行うべきと答申している。

　これに続いて，同年11月25日には，雇用審議会が「答申第一号」を発表する。答申第一号によると，「最低賃金制を実施する場合には，就業状態の現状からして，この制度の目的が損なわれないように家内労働についても規制するように配慮すべきであること[18]」が示されている。さらに，同年12月18日には，中央

賃金審議会が「最低賃金制に関する答申」を発表している。中央賃金審議会は，1954年の答申から休眠状態にあったが，労働問題懇談会の意見により再開された。答申では，最低賃金制は，労働者の生活の安定だけでなく，労働力の近代化と国際的信用を得るためでもあり，国民経済の健全な発展を阻害してはならないと指摘している。家内労働については，現行の労働基準法では十分でないので，新たな単独法を制定すべきであり，総合的な家内労働対策のために実態調査を行うことを指摘している。ただし，最低賃金法の効果的な実施のために，最低工賃決定の条項を最低賃金法の中に盛り込むべきともしている。この答申を受けて，労働省労働基準局は，1958年11月1日から1959年3月20日にかけて，家内労働関係実態調査を実施することになる。この後，中央賃金審議会の答申を受け入れて，最低工賃決定の条項を最低賃金法に盛り込む形で最低賃金法案が作成され，1959年4月7日には最低賃金法が制定されるのである[19]。

　最低賃金法の制定について，報道機関では否定的な評価が下された。例えば，1959年10月27日付の朝日新聞の「社説」では，以下のように批判をしている。

　「最低賃金法をつくる時，大きな問題になったのは，一般の雇用者に最低賃金をつくったところで，小企業者は，工場を閉鎖し，機械を従業員に貸し与え，家内労働で下請け加工するかたちをとるだろうから，果たしてどこまで実効があがるか，ということであった。家内労働の加工賃にも，最低制限を設けないかぎり，最低賃金法には大きな抜け穴があると，心配された。…（中略――引用者）…保護立法の必要は，早くから唱えられていながら，業態が複雑なため，放任されてきた。だがこの家内労働の改善に手をつけない限り，わが国の低賃金，低労働条件の改善には，大きな限界があることは，いうまでもない[20]」と指摘している。

　欧米諸国を見てみると，最低賃金法は家内労働の規制から出発している場合が少なくない。日本の最低賃金法は雇用労働者の低賃金を規制するためにあるが，家内労働法がない状態では，ザル法にならざるを得ない。なぜなら，使用者は雇用労働者の代わりに，より低コストな家内労働者へ仕事を回すようになるからである。したがって，家内労働法が制定された後に，最低賃金法の制定

へと発展していくのが，貧困の防止という点で論理的に見て正しいといえるのではないだろうか[21]。しかしながら，日本では先に最低賃金法が制定されることになった[22]。日本では，戦後すぐに労働基準法が制定されたものの，経済復興の観点からすると，最低賃金法や家内労働法が続いて制定されるのは，企業の倒産や大量の失業者を生み出すと考えられたのである。

　こうして，「外圧」によって再び提起された問題は，最低賃金法だけが制定されることで取り繕われた。家内労働法については，答申などで指摘されるだけで，具体策は作成されなかった。唯一，社会党と総評による家内労働法の提案があったが，経営側の支払い能力が低かったことから日経連が全面反対することとなった。このため，日本では，先に最低賃金法が制定されることになったのである。

3　政策論議の高揚

（1）臨時家内労働調査会の設置

　最低賃金法制定によって，家内労働の規制をめぐる議論が沈静化するかに思われた。しかし，1958年頃から東京の下町を中心にヘップサンダルの家内労働者が，ベンゾール中毒にかかる症例が多数発生した。世にいうヘップサンダルのベンゾール中毒事件である。ベンゾール中毒事件とは，東京の台東区・荒川区・墨田区・葛飾区を中心に広がり，家内労働の作業中にベンゾールのりを吸い込んで，非常に強い貧血や白血病に罹った事件である。ベンゾール作業者に対して行われた特殊健康診断も，1956年から受診者数が急増し，そのうち異常ありと診断された者の数が年々増加していた。1959年9月6日には，東京都葛飾区で家内労働に従事していた主婦が死亡し，マスメディアは一斉にこれを報道した。9月11日には，労働大臣はヘップサンダル工組合の陳情を受け，「今後は家内労働法をつくって，このような問題を法律的に保護する必要があるので，早速その研究に着手したい[23]」と約束している。また，中央賃金審議会の答申を受けて，労働省労働基準局が1958年に実施した家内労働関係実態調査の調

査報告書では，以下のように指摘している。「これらの複雑な実態を，ただ1回の調査によって，すべてを浮きぼりにして明らかにすることは至難な業といわざるを得ない。…（中略——引用者）…したがって，家内労働の総合的対策樹立の参考とするためには調査項目が不足しており，とくに流通機構や安全衛生面についての実態把握が不十分であるという欠陥をもっているので，これらの点については，今後においてさらに補完的な調査を実施してゆく必要があろう」[24]と述べている。

　このような事情から，1959年11月12日に，労働大臣の私的な諮問機関として，労働省が臨時家内労働調査会（臨調）を設置することになる。この時の臨調は，公益代表10人，家内労働者代表5人，委託者代表5人の合計20人から構成されている。公益委員が多く構成されており，大学教授や報道機関の関係者が名を連ねているのが特徴的である。臨調は11月21日に第1回総会を開催し，1958年に実施された家内労働関係実態調査について，20業種を中心に審議するため調査小委員会を設置することになる。以来，臨調は総会を9回，各種小委員会を5回開催している。その結果として，1960年9月29日に「家内労働対策に関する中間報告」を労働大臣へ提出することになるのである。

　「中間報告」では，家内労働に関する当面の行政措置を講ずるべきであると結論づけられている。それは，第一に，委託条件の明確化のため，家内労働手帳や標準工賃制度の普及促進を図ること。第二に，安全衛生等作業環境の改善のため，安全衛生意識の高揚と安全衛生に関するサービス業務の推進を図ることを指摘している。この「中間報告」に従い，1961年4月12日に労働基準局長通達（「家内労働に関する行政措置について」）を出している。1961年以降も家内労働対策樹立のための主要な問題点について検討を続け，これまでの審議結果を整理したものを，1965年12月22日に「わが国家内労働の現状に関する報告」として，労働大臣へ提出している。

　「報告」では，「家内労働の実態は把握が困難で，その内容も予想以上に複雑であり，また多くの問題を含んでいるにもかかわらず，このような実態は明らかにされていない。したがって家内労働対策樹立のための根本的検討を行なう

に当たって，まず家内労働の実態を明らかにすることが必要である[25]」と示している。しかしながら，「報告」について，朝日新聞は，1965年12月28日付の「社説」で以下のように批判している。

「昔のように内職は恥ずかしいとかみっともないとかいって，隠す傾向は少なくなったが，委託契約や工賃や内職収入などになると，うっかり正確に帳面をつけておくと，税務署につけねらわれ，また生活保護世帯では勤労収入として扶助費を差引かれたりするので，ひた隠しにするわけである。なにもわずかな内職収入を税金や勤労控除の対象にしなくともよかろうと思うのだが，そのため，内職者に『家内労働手帳』をもたせ，委託契約をはっきりさせて，仲介人の不当なピンはねやいざこざを防ごうという対策も，あまり実効をあげていない。…（中略——引用者）…労働省に設けられた家内労働調査会の七年間にわたる調査も，実は，この複雑な実態と変化に引きずりまわされてきた観すらあるほどだ[26]」と述べている。

　家内労働が複雑であるのは諸外国でも同じである。ただし，日本では，先に最低賃金法が制定され，よりコストの安い家内労働者への委託が急増した。しかも，ただ量的に増加しただけでなく，これと並行して家内労働の担い手の社会階層や種類までも変化したため，複雑多岐にわたる実態がつかみにくくなっていたのである[27]。

　こうして，ベンゾール中毒事件によって提起された問題は，報道機関の影響もあり，臨調が設置されるという進展を見せた。しかしながら，日本では最低賃金法が先行したということもあり，家内労働の複雑多岐にわたる実態把握が極めて困難になっていた。結果として，7年間にわたる実態調査も，問題の複雑さを浮かび上がらせるにとどまり，家内労働法制定を先送りし続けることになったのである。

（2）家内労働審議会の設置

　臨時家内労働調査会は，1965年12月22日に先の「報告」とともに，「今後の家内労働対策に関する見解」を労働大臣に提出している。これを受けて，労働

省は1966年6月27日に，労働省の附属機関として家内労働審議会を設置することになる。同審議会は，公益代表8人，家内労働者代表6人，委託者代表6人の合計20人から構成され，これに通商産業省と厚生省および経済企画庁の官僚が，特別委員として出席している。臨調より公益代表の人数は減少したが，関係省庁の官僚が出席していることから，経済問題や貿易関係はもちろんのこと，貧困対策をも考慮する必要があったことがわかる。これ以来，同審議会は総合的家内労働対策について審議を続け，1968年12月22日に「家内労働対策に関する答申」を労働大臣へ提出している。これを受けて政府は，1969年2月21日に家内労働法案要綱を作成することになる。

　一方，この間に家内労働法に関する議論が，審議会の外からも出てくるようになる。例えば，同盟（全日本労働総同盟）が家内労働法制定へ向けて動き始めるのは，1967年2月の第3回大会で，家内労働法制定について取り組むことを決定し，同年8月24日に家内労働対策委員会を立ち上げてからのことである。同委員会は，家内労働法に対する同盟の具体的方針を決定するために設置され，家内労働審議会の委員である全繊同盟の幹部も出席している。同委員会では，家内労働審議会の審議状況について把握し，併せて実態調査や専門家を招いての勉強会を行っている。(28)実際に，公益代表の中鉢正美（慶應義塾大学教授）や労働省の山田譲（家内労働審議室長）が，講師として招かれたようである。同委員会は調査や検討を続け，1968年3月19日に「家内労働法に関する同盟の基本的方針」を家内労働審議会へ提出するようになる。同盟は，国民経済の発展に寄与するように家内労働法を制定すべきであるとしており，家内労働審議会の「答申」にも賛成している。ただし，同盟の方針を完全に採り入れていないとして，民社党と協力して国会審議に対処すると，「1970年度運動方針」で表明している。(29)

　それでは，家内労働者が中心の労働組合はなかったのであろうか。家内総連（全日本家内労働者組合総連合）は，ベンゾール中毒事件を契機として，履物工関係の主に専業として家内労働に従事している者を中心に，1960年5月24日に結成された全国規模の組織である。(30)家内総連は社会党と共産党（日本共産党）の

影響下にあり，総評と協力して，ベンゾール中毒者の救済対策や家内労働法の制定を求めて活動した。家内労働法制定に関する主な動きとしては，1968年2月に「専業的家内労働者を中心としたわが国家内労働者についての統一見解」を，同年8月16日には「家内労働法案要綱第二次試案」を家内労働審議会へ提出している。すでに1960年1月4日の第2回定期大会で「家内労働法案要綱第一次試案」が決定されているが，これの不十分な点について検討し，具体化したものである。これらによると，家内総連は，家内労働者の組合組織を保護育成したり，安全衛生や工賃支払いなど家内労働者の利益を保護し発展させるために，家内労働法を制定すべきと考えている。具体的には，各種社会保険への加入や退職金制度の創設が盛り込まれているが，これは家内総連が，専業として家内労働に従事している者で組織化されているためである。このため，家計補充として家内労働に従事している家庭の主婦の実態はあまり反映されていない。[31]

　一方，総評には，家庭の主婦が中心となって組織した総評主婦の会がある。同会は，1960年7月に結成され，約45万人の会員を有する組織である。同会では，1965年2月17日に第1回内職大会を開催して以来，主に家計補充として「内職的家内労働」に従事する主婦の労働条件を改善することを目標に，毎年，内職大会を開催してきた。同会は，1967年11月に「家内労働法案についての要望書」を家内労働審議会へ提出している。[32] 要望書では，専業として家内労働に従事する者よりも，圧倒的多数を占める「内職的家内労働」の実態を反映した家内労働法を制定するように要求している。これに対して，上部組織である総評も，1967年11月に「家内労働法制定についての意見」を，1968年6月14日には「最低工賃制度について」を同審議会へ提出している。安全衛生の確保や委託条件の制限について考慮されているほか，低工賃に対しては厳しい規制を敷くよう提起されている。このため，同審議会の答申に対して，労働者保護の立場が貫徹されていないと批判的立場を表明している。総評は，家内労働審議会へは，家内労働者代表として要求を主張する一方で，社会党を通じて独自の法案を国会へ提出する戦略を採っている。

　当の社会党の側では，1968年3月15日に家内労働法案を第58回国会へ提出している。以後，この法案は第60回国会まで継続審議されることになる。1968年の社会党案は，1957年の社会党案で不十分であった労働時間や作業環境の規制など安全衛生面での補強がなされている。しかし，家内労働者の福利厚生については，全く触れられていない内容となっている。

　このように，答申や法案の作成過程で，それぞれの意見を一致させるのは難しいということが，次第に明らかとなるのである。同盟は，国民経済の発展を阻害しないように家内労働法を制定すべきと考える一方で，総評主婦の会は，家計補充として「内職的家内労働」に従事している家庭の主婦に利益となるように家内労働法を制定すべきだと考えた。これに対して，中小企業を会員とする日商（日本商工会議所）や全国中央会（全国中小企業団体中央会）は，「専業的家内労働」に重点を置いた家内労働法を制定すべきと主張した。「専業的家内労働」に重点を置くという点では一致しているが，さらに家内総連は，退職金制度など福利厚生の充実を要求している。このため，答申や法案の内容は，首尾一貫した考えがなく，それぞれの要求の最大公約数的な部分だけで作成されることになったのである。

　ところで，報道機関は，家内労働審議会の答申をどのように評価したのであろうか。この点について，朝日新聞は，1969年1月9日付の夕刊で以下のようにとりあげている。「答申の一部には表現のあいまいなところもあり，労使双方にさまざまな不満があることは指摘できる。だがそれだからといって，近代的な労働法が整備されているわが国で，家内労働に従事する者はその保護を受けられない，という状況を放置することは許されまい。政府が立法化に当ってザル法とならぬよう万全をきすること，法案を今国会で成立させることの二つをこのさい要望しておきたい」と述べている。[33]

　このように，答申の表現が曖昧で，労使双方の意見が一致していないということを，報道機関も指摘している。それでも，家内労働法は必要であると述べて，早期の成立に期待を寄せているようである。しかしながら，この期待は見事に裏切られる。1969年3月25日に家内労働法案が第61回国会へ提出されるこ

とになるが，第61回国会は大学運営臨時措置法の強行採決のため，社会・民社・公明・共産の4野党は，未成立法案の審議を拒否したまま，8月5日に閉会した。こうして，家内労働法案は，審議未了のまま廃案となったのである。

（3）家内労働法の制定

1970年2月13日の閣議決定を受けて，2月17日には，再び家内労働法案が第63回国会へ提出された。これにより，3月13日から，衆議院社会労働委員会で具体的な審議が行われることになったのである。この間の2月19日に総評主婦の会は，第6回内職大会で決定した7項目を，法案に盛り込むよう要望書を提出している。要望書では，工賃の低い地域に委託が集中しないよう，全国一律の最低工賃制が提案されている。また，全国一律最低工賃の額は，1時間あたり150円とし，主婦の内職収入を課税対象外とするよう要望している。同会と協力関係にある春闘共闘委員会もまた，2月26日に「家内労働法をめぐる動きと対策について」を発表し，国会審議は大荒れになるかに思われた。しかし，3月13日から始まった委員会では，予想以上にスムーズに審議が進み，4月に提出された社会党案と公明党案もすぐに撤回されることとなった。しかし，政府原案は共産党が反対の姿勢をとったため，自民・社会・公明・民社による修正案が提出され，附帯決議をすることで修正可決となった。その後も，衆議院本会議や参議院社会労働委員会でもスムーズに審議が進み，5月28日に参議院本会議で可決されたのである。かくして，1970年5月28日に家内労働法が制定されることになった。しかも，答申や法案の作成段階で，労使双方の意見が一致しなかったにもかかわらず，国会審議では，さしたる反対もなく通過することになった。おそらく各党は，とりあえず法律を制定し，施行後に法改正で対処する戦略であったのではないかと思われる。

この点について，朝日新聞は，1970年10月13日付の「社説」で以下のように述べている。「法制定までの経過は余りにも長すぎたが，家内労働法の施行は労働行政の一歩前進である。…（中略――引用者）…この法律が的確に運用されるならば，家内労働の現状は大きく改善されるに違いない」というように，法

制定を積極的に評価し，不満な所は施行後の法改正で対処する考えを示している。しかしながら，このような見通しは甘かったといわざるを得ない。なぜなら，その後を見ると家内労働法の制定後数十年も経過しているが，一度も抜本的な改正がされないまま今日に至っているからである。

　さらに，日本の家内労働者数は，家内労働法の施行後から減少し始めることになる。[38]日本の家内労働者数が減少する一方で，コストの安い韓国や東南アジア諸国の家内労働者数が増加するようになる。日本の家内労働はコスト面で割高となるため，ファッション性や高級品に力を注ぐ戦略を採らざるを得なくなる。そもそも日本の家内労働法は，規制による労働条件の維持・改善につながる一方で，国際競争力の低下によって大量の失業者を生み出す可能性も内包していたのである。というのも，答申や法案の作成段階で，様々な意見を一致させないまま，曖昧な表現でまとめてしまったからである。すなわち，家内労働を規制することは大量の失業者を生み出すとして，家内労働が積極的に活用されるようにするのか，それとも大量の失業者には積極的労働市場政策を行うとして，家内労働自体を廃絶させるような規制を行うのかが，首尾一貫していなかったといってよいであろう。

4　政策論議の帰結

　家内労働法の制定が遅れた原因の一つとして，高度成長期の労働運動や社会運動が激しかったために，家内労働問題は政策上の優先順位が低かったということがあげられる。この時期の重要な政治課題は，安全保障や労資対立についてであり，家内労働への国民的関心は低かったのである。また，高度成長期に近代化論が流行し，生産力の直線的な発展によって家内労働は消滅するという意見が少数ではあるが存在した。[39]さらに，家内労働についての専門家が少なく，問題点を熟知している者がいなかったことも一因としてあげられる。この点について，数少ない研究者である藤本武（労働科学研究所）でさえ，1957年3月23日に社会党主催の公聴会で，「家内労働法の細かい点については，私，とりた

てて申し上げるほどの意見もございません[40]」とコメントしているほどである。家内労働について熟知している者がいなかったため，労働省も問題解決のための具体的な対策づくりに窮し，イニシアチブを発揮することができなかったのではないかと思われる。

　行政がイニシアチブを発揮するということについて，厚生省では高度成長期に老人問題について，世論を喚起するようなキャンペーンが報道機関を通じて行われたという事実がある[41]。しかし，家内労働問題に関する限りでは，国民に絶えず問題意識を抱いてもらうために，労働省が報道機関を通じてキャンペーンを実施したという事実は見あたらない[42]。このことは，厚生官僚に比べて，労働官僚が劣っていたということを意味するのではない。なぜなら，高度成長期の労働行政は，仲裁裁定の完全実施やILO第87号条約の批准および，三井三池争議の調停介入など，イニシアチブを発揮していたからである[43]。中でも，石田博英が労働大臣を在任中は，労働者の権利の拡大と福祉の向上に努め，協調的労使関係の基盤づくりに取り組んでいたことで知られている[44]。にもかかわらず，家内労働法については，消極的とすら映らざるを得ないのである。それだけ家内労働法の制定について，労働省は問題解決のためのアイデアや具体的な対策づくりに窮していたのである。この意味で，日本の家内労働法はジグザグの歩みをしてきており，異なる意見や主張の最大公約数的な部分だけで制定されているということができる[45]。

　最後に，日本の家内労働法の特質について，記述したことの要点を再整理しながら，在宅ワークの問題を考えるための課題提起をしておきたい。

　第一に，日本では労働基準法（1947年）→最低賃金法（1959年）→家内労働法（1970年）の順序で成立した点について指摘しておきたい。例えば，イギリスでは，まず苦汗家内労働の規制のために賃金委員会法が成立し，その後に雇用労働者へと拡張されていく道をたどっている。しかし，日本では，終戦直後に労働基準法が制定されたが，中小企業が多く経営基盤が脆弱であったことなどから，最低賃金法や家内労働法は制定されずにいた。1950年代に入り，経済復興も軌道に乗り始め，諸外国からのソーシャルダンピング批判もあったため，ひ

とまず先に最低賃金法が制定されることになったのである。当時の労働組合は，最低賃金制の獲得を重要な柱と位置づけて闘争していたが，家内労働法の制定については関心が低かった。雇用労働者が家内労働者と顔を合わせる機会が少なく，一緒に団結して闘うということがなかったからでもある。

　第二に，家内労働が複雑多岐にわたり，実態がつかみにくいということについてである。これは，先に最低賃金法が成立したことが影響していると思われる。先に最低賃金法が制定されたために，雇用労働者の代わりに，よりコストの安い家内労働者へ委託が急増することになった。これと並行して，家内労働の種類や担い手の社会階層も変化し，実態把握をより難しくしたのである。このため，家内労働法案の作成過程で，「専業的家内労働」の方に重点を置いた法案にするのか，それとも「内職的家内労働」に重点を置くのか意見が一致しなかったのである。

　第三に，ベンゾール中毒事件が政策論議に与えた影響について指摘しておきたい。家内労働法には，低工賃を規制するという役割と，安全衛生を確保するという役割がある。ベンゾール中毒事件の前までは，前者にのみ議論が集中していたが，事件後は後者も考慮に入れて議論された。この点について，少し補足的に説明しておくと，安全衛生の確保という面では，ベンゾールを含有するゴムのりについて，1959年12月12日の労働省令第25号（労働基準法第48条の有害物を指定する省令）でもって，その製造販売等の禁止をしている。また，家内労働者は労災保険（労働者災害補償保険）に加入できないのかということで，家内労働審議会が，1968年12月22日に「労災保険制度の適用の検討」を労災保険審議会の近藤文二会長へ正式に要望している。要望を受けた労災保険審議会は，翌年の8月27日に「労災保険制度の改善についての建議」を労働大臣へ提出し，1970年9月29日から家内労働者が労災保険に特別加入できるようになるのである。一方，低工賃の規制という面では，1959年の最低賃金法の制定により，第20条〜第25条で最低工賃制度を設置したのがその始まりである。しかしながら，この頃の最低賃金は，第9条の業者間協定によって決定されることがほとんどであり，第20条の要件を満たして最低工賃が決定されることはなかった。[46]この

ため労働省は，労働基準局長通達（「家内労働行政の推進について」）を出し，最低工賃の決定を積極的に推進するようになる。1967年になってようやく，初めて奈良県の靴下製造業で最低工賃が決定されるのである[47]。

　以上，簡単に要点を整理してきた。このように，現行の家内労働法は，高度成長期の実態に即して制定されており，製造業における家内労働を前提としている。それゆえ，サービス業の家内労働が多くなるにつれて，実態に適合した法改正が必要となってくる。翻って，1990年代以降から，徐々に増えつつある在宅ワークの問題について見ると，現状だけを捉えた浅薄な議論に陥りがちである。もちろん，大規模な実態調査が必要なのは当然であるが，複雑多岐な実態把握を先決課題として法制定を先送りするようなことがあってはならない[48]。また，国民に関心を抱いてもらうために，厚生労働省等が報道機関を通じてキャンペーンを行う必要もあるだろう。ベンゾール中毒事件の時のように，死亡者が出てから対処するというのでは，余りにも遅いであろう[49]。さらに，法制定にあたって，専業として従事する者と家計補充として従事する者のどちらに重点を置くのかも，はっきり決めておかなければならない。家内労働法制定の時のように，とりあえず法律を制定しておいて，施行後の法改正で対処するというような見通しは，もはや通用しないのである。

注
(1)　ILO 第177号条約に批准している国は，フィンランド（1998年），アイルランド（1999年），アルバニア（2002年），オランダ（2002年），アルゼンチン（2006年），ブルガリア（2009年），ボスニア＝ヘルツェゴビナ（2010年），タジキスタン（2012年），ベルギー（2012年），マケドニア共和国（2012年）がある。
(2)　労働省（2000）を参照。
(3)　家内労働法について扱った文献として，詳しくは，岡部実夫（1972）の第一編第一章と，中脇晃（1975，1982）および，有沢広巳・藤縄正勝（1972）第六章を参照。
(4)　松岡三郎（1971）序章を参照。
(5)　山中篤太郎編（1950）第二部第二章と，同（1973）第三章を参照。
(6)　山中篤太郎（1952a）4頁。
(7)　同上論文，5頁。
(8)　労働省編（1982）1013頁。
(9)　伊藤好道編（1957）173頁。
(10)　4業種とは，絹人絹織物製造業，玉糸座繰生糸製造業，家具建具製造業，手漉和紙製

造業である。

(11)　藤本武（1967）125頁。

(12)　労働省婦人少年局は，1951年と1952年に家内労働実態調査をしている。1951年は，造花（東京）・布帛加工（長野）・しぼり（京都）・竹ビーズ編物（大分）・パナマ帽（福井）・鼻緒（奈良・愛知）・和傘（岐阜・島根）である。1952年は，皿敷（富山）・経木真田（岡山）・陶器（三重）・人造真珠（香川）・ネッカチーフ（群馬）・叺（青森）・莚蘭（福岡）である。

(13)　授産所の「内職」について，詳しくは第3章を参照のこと。

(14)　1951年11月26日に，厚生省社会局長が労働省労働基準局長へ「授産事業に対する労働基準法適用除外について」の通知を出している。

(15)　総評（1957）を参照。

(16)　各界の最低賃金法案については，堀秀夫（1959）「付録」の資料を参照。

(17)　日経連編（1957）第五部と「附記」を参照。

(18)　雇用審議会（1977）7頁。

(19)　最低賃金法の制定により，それまでの労働基準法の第28条～第31条までの最低賃金に関する規定は，廃止されることになった。

(20)　『朝日新聞』1959年10月27日付「社説」。

(21)　イギリスでは，苦汗家内労働を対象とした賃金委員会法が，1909年に制定されている。イギリスでは，まず苦汗家内労働に同法が適用され，その後，雇用労働者へ適用を拡大している。

(22)　ここでは主に欧米諸国との対比を念頭に置いているため，東南アジア諸国のようにインフォーマルセクターの比重が相対的に大きい国では，必ずしも家内労働法が制定された後に最低賃金法へ進むとは限らないであろう。諸外国との比較については，岡部実夫（1972）第一編第三章と労働省婦人少年局（1959）を参照。

(23)　『朝日新聞』1959年9月11日付夕刊。

(24)　労働省労働基準局（1959）「序」。

(25)　臨時家内労働調査会編（1966）6頁。

(26)　『朝日新聞』1965年12月28日付「社説」。

(27)　労働省の調査結果によると，1958年に70万人いた家内労働者が，1965年には84万人へと増加している。主に勤労者世帯の主婦が多く，家内労働の種類もミシン仕事や電気機械器具関係が増加した。高度成長期における家内労働の実態について，詳しくは，第1章を参照。

(28)　同盟は3回にわたって家内労働の実態調査をしている。実際に調査したのは，静岡県浜北市の織物業（1968年3月22日～23日），千葉県鎌ヶ谷町の時計部品製造業（同年4月15日），横浜市港北区の家電部品製造業（同年6月25日）である。詳しくは，同盟（1970）「経過一覧」を参照。

(29)　1968年の「基本方針」で，同盟は，家内労働監督官と家内労働相談員を行政機関に配置することや，家内労働者に休業手当を支給すること等を要望していた。しかし，家内労働審議会の「答申」後は，強く要望しなくなった。「基本方針」については，同上書，43～46頁を参照。

(30)　家内総連は約3600人の組合員からなり，靴工組合・サンダル工組合・鼻緒工組合・草履工組合・大阪袋物技工協同組合・東京袋物技工協同小組合・帽子加工協同組合など計

13団体から組織されている。

(31) 労働省の「家内労働概況調査」等によると，家内労働者数のうち，家計補充として従事している者は，全体の8〜9割を占めていた。専業として従事している者よりも，家計補充として従事している者の方が圧倒的に多かったのである。

(32) 総評主婦の会（1968）を参照。

(33) 『朝日新聞』1969年1月9日付夕刊「今日の問題」。

(34) この背景には，日本も「最低賃金決定制度の創設に関する条約」（ILO第26号条約）に批准すべきという「外圧」があったといわれている。

(35) 総評主婦の会（1970）を参照。

(36) 春闘共闘委員会（1970）を参照。

(37) 『朝日新聞』1970年10月13日付「社説」。

(38) 労働省の「家内労働概況調査」によると，家内労働者数は1958年に70万人であったのが1973年には184万人へと急増した。しかしながら，1973年をピークにそれ以後，減少し続けることになる。

(39) このような意見は，数年おきに実施された労働省の「家内労働概況調査」等で誤りであることが明らかとなった。

(40) 日本社会党（1957a）44頁。

(41) Campbell（1992, 1995）第4章を参照。

(42) イギリスやドイツでは苦汗産業博覧会が開催されている。これにより，苦汗家内労働について国民が関心を持つきっかけとなった。特にイギリスでは，家内労働者による実演もあり，視覚を通じて世論を喚起することになった。詳しくは，大前眞（1992）を参照。

(43) 労政研究所編（1978）第3章を参照。

(44) 石田博英は，高度成長期に労働大臣を3回歴任している。1回目（1957年7月10日〜1958年6月12日），2回目（1960年7月19日〜1961年7月18日），3回目（1964年7月18日〜1965年6月3日）である。

(45) 家内労働法は第1条〜第36条で構成されている。家内労働の実態が複雑多岐にわたるにもかかわらず，極めてシンプルな法律となっている。

(46) 最低賃金法第20条では，すでに決定された最低賃金を前提として，その最低賃金の有効な実施を確保するため必要であると認められる場合のみ，最低工賃が決定できるとなっていた。

(47) 最低工賃は，産業別最低賃金の70〜80％程度の額で決定されている。家内労働法で決められた最低工賃や安全衛生基準に違反した場合には，罰則規定が設けられている（家内労働法第33条〜第36条）。

(48) 在宅ワークの調査として，厚生労働省（2002）がある。

(49) すでに，2003年1月29日に，東京都内の会社社長が内職斡旋を装った詐欺容疑で逮捕されるという事件が起こっている。また，「不況の中で主婦などを狙った『内職商法』は増加しており，全国の消費生活センターへの苦情相談も」後を絶たない状況にある（『朝日新聞』2003年2月5日付大阪本社版）。

第3章

高度成長期の授産「内職」事業
——大阪市を事例として——

1 授産内職とは何か

　本章の目的は，「内職」の中でも特に授産事業に焦点をあてて，授産事業として施設内外で行われる仕事の実態について明らかにすることである。[1]

　序章で述べたとおり，一般に「内職」というと，家庭の主婦が家内労働として従事するものの他に，授産事業の一つとして施設内外で行われるものや，チラシ配り，生花教室の講師など，その範囲は広い。そこで，世間一般に使用される言葉と，社会科学で使用される学術用語を区別して考えておく必要がある。

　社会科学の用語として使用される「内職」について，江口英一（1965b）によると，「家庭の中で家計補助のため工賃収入を目的として行なう製造または加工の労働」[2]のことであり，主に家内労働であると捉えている。正確には家内労働の一類型にすぎないが，家庭の主婦が家計補充として従事する「内職的家内労働」が全体の9割近くを占めるため，内職＝家内労働と捉えられることが多い。[3]ここでいう家内労働とは，江口によると，「直接生産者みずから選んだ場所，通常自分の住居内で，雇主から供給されるか，みずから調達した原料および道具，または簡単な機械でもって，単独もしくは一，二の補助者とともに行なわれる労働」[4]であって，自宅だけでなく近所の集会所や作業場で数人が集まって従事する場合も含まれている。そのため，社会科学の用語として使用される「内職」には，家庭の主婦が従事する家内労働の他に，授産事業として施設内外で行われる仕事も含めて捉えられることがある（図3-1を参照）。

図3-1 内職・家内労働の概念整理

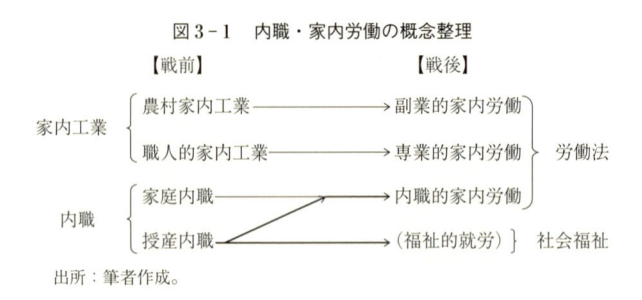

出所：筆者作成。

ところで，本書では，これまで「内職」の中でも特に，家庭の主婦が従事する家内労働に焦点をあてて，その実態について明らかにしてきた。そのため，授産事業の一つとして施設内外で行われる仕事については明らかとなっていない。[5]

そこで本章では，特に授産事業に焦点をあてて，家庭の主婦が家計補充として従事する家内労働と，授産事業として施設内外で行われる仕事との同一性と異質性について明らかにする。この点について，本章では，まず授産事業の歴史とその政策について考察を行い，次に大阪市を事例としながら，授産事業が高度成長期にどのような変遷を辿ることになったのかについて明らかにする。こうした手順を経ることで，両者を同一であると見なしてよいのか，それとも同一には捉えることのできない異質性があるのかどうか，その実態が明らかとなるであろう。

あらかじめ結論を先取りすれば，明治初期から終戦直後まで，授産事業では生活困窮者に施設内外で裁縫などの仕事をさせていたが，1950年代に社会福祉の概念が一般化するとともに，授産事業の対象者に心身障害者が多くなってきたため，施設内での仕事は福祉的就労として社会福祉の枠組みで捉え，家庭の主婦が自宅で家計補充として従事する労働と区別するようになった。[6]例えば，大阪市では，1953年にそれまで授産事業の一つとして行ってきた場外授産を内職指導事業とすることで区別している。その後，1970年に家内労働法が制定されたため，家庭の主婦が自宅で家計補充として従事する家内労働の方は労働法の枠組みで捉えるようになったのではないかと思われる（図3-1の太線部分を

参照)。以下では，この点を明らかにするため，授産事業の歴史を遡りながら
考察していくことにする。

2　授産事業の歴史

（1）戦前の授産事業

日本では授産事業の歴史は古く，明治初期から様々な形で行われてきた。こ
こで，少しその歴史について触れておくと，士族授産をその一つとしてあげる
ことができる。例えば，1876年に明治政府によって秩禄処分が実施され，士族
層の給禄が廃止されることになった。そのため，生活に困窮している士族層に
対して，藩や明治政府が授産事業を行ったのである。主に殖産興業政策と結び
ついて，開墾・牧畜などが行われた。中でも特に，「女子に対しては『女紅
場』を設置した。この女紅場のなかの官設新潟女紅場では，貧民女子を寄宿さ
せ，機織をさせながら裁縫，読書を教えていた。また，神奈川県では，貧民女
子を女紅場に入れて授産したり，各自に機械を貸与し，家で機織等を行なわせ
た[7]」のである。しかしながら，士族授産のほとんどはうまくいかず，「士族の
犯罪や，その子女が芸妓酌婦に出るものさえあった[8]」という。

　明治後期には，日露戦争による軍人遺家族や傷痍軍人に対して授産事業が行
われた[9]。大正期になると，失業が社会問題として扱われ，授産事業は職業訓練
政策や失業対策事業と並んで重要視されるようになった。中でも，米騒動や関
東大震災は人々の生活に打撃を与え，授産事業が広範囲にわたって行われる契
機になったといってよい。

　世界恐慌後の日本は，次第に軍需生産を加速させるようになり，特に満州事
変の後は，生活困窮者のための授産施設も軍需被服の縫製工場に様変わりした。
そこでは，作業のほとんどがミシン加工であり，軍人遺家族や生活困窮者など
女性が大半を占めていた。もはや社会事業の性格は失われ，軍需生産の一翼を
担っていたので，太平洋戦争の開戦とともに，授産施設のほとんどが空襲の被
害を受けることになった。こうして，第二次世界大戦によって日本の授産事業

はその存在基盤を喪失し，新たに戦後から，再スタートすることを余儀なくされたのである。

（2）終戦直後の授産事業

　終戦直後の日本は，戦災による生活困窮者や，外地からの引揚者によって失業が深刻な問題となっていた。そこで，1945年12月15日に「生活困窮者緊急生活援護要綱」を閣議決定し，生活困窮者に対して授産施設での生業の指導と斡旋を行うとした。単に金品を支給するのではなく，生業の指導や斡旋を行うとしたのは，財政的な制約があったことと，金品の支給は惰民の助長につながると考えられたからである。生活援護の対象は，生活困窮者ならびに，失業者・戦災者・海外引揚者・在外者留守家族・傷痍軍人および軍人遺家族とし，施設の設置費は国庫補助対象となった。[10]設置主体に制限は特に設けなかった。実施に際しては，六大都市に重点を置き，方面委員を活用するとされた。

　また，1946年9月6日には，「生活保護法施行に関する件」の厚生事務次官通知が出され，同年9月9日に生活保護法が制定された。これにより，授産施設の施設事務費も国庫補助対象となった。このように，設置主体に特に制限を設けずに，授産施設の設置費と事務費を国庫補助対象としたので，全国に授産施設は2000カ所以上も設置されることになったのである。厚生省も正確な施設数を把握しておらず，この頃から，施設の経営が不明瞭で実態として営利企業と変わらないという批判が出始めてきた。

　そこで，1947年7月24日に「授産施設の設置運営について」の厚生省社会局長通知が出されることになる。この通知によって，「（ア）施設対象者を社会的要保護者たる者に限ること，（イ）公共団体，公益法人又はこれに準ずる組織体によって経営されることを原則とすること，（ウ）更に施設の最低基準を規定すること」[11]などが決められた。また，1949年8月18日に出された厚生省社会局長通知「授産施設の整理について」では，不良授産施設を整理して優良施設には強力な振興策を実施することが決められた。

　しかしながら，それでも授産事業に対する疑惑と批判を一掃することができ

なかった。例えば，次のような批判があった。「授産事業は，戦後の生活困窮者の激増に対して，失業対策及び生活保護事業の尻ぬぐいとして，社会的に要求せられるものが多い一方，国家の保護の薄い故に経営難に悩み，従って労働力の搾取が公然と行われる所となっている。否，更にこれに乗じて，看板だけの授産場を経営する悪徳業者が横行している(12)」。このような悪徳業者は，「いずれも社会事業法および生活保護法による届出をし，認可されれば営業税その他が免税になる利点をねらって無届で看板を出し，税務署の目をごまかしている(13)」というように授産事業は批判されたのである。

　さらに，G.H.Q. からも批判の声があり，政府は G.H.Q. との協議の結果，1950年 4 月10日に「授産事業の刷新について」の厚生省社会局長通知を出すことになった。この通知では，「従来の授産事業の事業内容は，極めて区々に亘り，しかもその内容が一般中小企業と競争的な性質のものが多く，又一般業者の下請作業を行うことにより徒らに生産行程並びに販売行程に中間搾取業者を介入させ，作業員を低賃銀に甘んじさせる結果となっているので，このような業者を極力排除して直接製品納入機関と連結しうるような経営方式をとる必要がある(14)」と述べられ，従来から批判の多かった中間搾取を排除することが決められた。さらに，「公有民営施設（所謂委託経営施設）は，種々の弊害が伴うので，これを完全公営とするか完全民営とするか何れかに決すること(15)」とし，生活保護法による授産施設と社会事業法による授産施設とを区別することも決められた。

　この通知により，社会事業法による授産施設に対して国は一切の補助を行わず，自給自足の原則を貫くように決定された。一方，生活保護法による授産施設には国の補助が継続されたが，代わりに施設の認可基準と作業員資格が厳しく定められた。結局，同年 9 月30日までに授産事業の刷新を完了することと決定され，経営内容の不明確な授産施設は，すぐに減少することになった。

　以上のように，終戦直後の日本の授産事業は，生活困窮者に対して生業の指導や斡旋を行うように決定された。しかしながら，授産施設の設置費と事務費を国庫補助対象としたので，施設数は急増し経営が不明確な施設が多かった。

そのため，G.H.Q. と協議の結果，授産事業を刷新することを決め，経営内容の不明確な授産施設を中心に施設数は減少することになったのである。刷新は余りにも厳しいものであったが，1955年1月4日の厚生事務次官通知（「授産施設の運営について」）で，緩和措置が決定されるまで続けられた。

（3）高度成長期の授産事業

さて，戦後日本の授産事業は，主に四つの法律に基づいて実施されてきた。それらは主に，低所得者対策として生活保護法や社会福祉事業法によるものと，障害者就労対策として身体障害者福祉法や精神薄弱者福祉法（現在は知的障害者福祉法）によるものの二つに分類することができる。表3-1は，それぞれの法律とそれに基づいて設置されている施設の種類を表している。生活保護授産施設（以下，保護授産施設と略記）は，1950年5月4日に制定された新生活保護法の第38条第5項で，「授産施設は，身体上若しくは精神上の理由又は世帯の事情により就業能力の限られている要保護者に対して，就労又は技能の修得のために必要な機会及び便宜を与えて，その自立を助長することを目的とする施設」と定められている。また，社会事業授産施設（以下，事業授産施設と略記）は，1951年3月29日制定の社会福祉事業法で，国と地方公共団体および社会福祉法人が経営する第一種社会福祉事業に定められている。表3-1を見てわかるとおり，保護授産施設と事業授産施設は高度成長期以前から設置されているのに対して，心身障害者のための授産施設は主に高度成長期に設置されている。

次に，戦後の授産施設数の推移を施設別に表したのが，表3-2である。表3-2によると，保護授産施設は1948年に1263カ所あったが，授産事業の刷新により，1950年には257カ所に減少している。授産事業の刷新によって不良施設を一掃することになったが，それに伴う新しい問題も生じることになった。それは，たとえ経営内容の不明確な施設であっても，そこで働いている作業員にとっては唯一の生活の糧であり，施設がなくなると働く場所がなくなり生活に困るという問題である。このような問題もあって，1955年に先述のとおり基準を緩和するようになるのである。表3-2によると，1955年に保護授産施設

表3-1　戦後の授産施設の種類とその法律

法律名	施設の種類	設置年
生活保護法	生活保護授産施設	1946年
社会福祉事業法	社会事業授産施設	1951年
身体障害者福祉法	身体障害者（収容）授産施設 重度身体障害者授産施設 身体障害者通所授産施設 身体障害者福祉工場	1949年 1964年 1967年 1972年
精神薄弱者福祉法	精神薄弱者授産施設（入所） 精神薄弱者授産施設（通所） 精神薄弱者福祉工場	1964年 1967年 1985年
精神保健及び精神障害者福祉法	精神障害者入所授産施設 精神障害者通所授産施設 精神障害者福祉工場	1991年 1989年 1994年

出所：丸山一郎（1998）196頁より筆者作成。

は少し増加するが，高度成長期を通じて大幅に減少している。同じく，事業授産施設も高度成長期を通じて減少していることがわかる。利用者数では，1960年に保護授産施設が7416人で事業授産施設が6448人であったのに対して，1973年に保護授産施設は3308人で事業授産施設は4888人と，高度成長期を通じて減少している。[20]高度成長期以降は，保護授産施設の大半が長野県に，事業授産施設の大半が東京都にと，一定の地域に遍在している。[21]

　一方，表3-2によると，身体障害者授産施設は1956年に29カ所しかなかったが，1973年には65カ所へと急増している。[22]重度身体障害者授産施設も1967年には5カ所だったのが，1973年には32カ所へと急増し，その後，1980年には身体障害者授産施設よりも多くなっている。[23]また，精神薄弱者授産施設も1966年には3カ所にすぎないが，1970年には35カ所へと増加している。このように，高度成長期を通じて，心身障害者のための授産施設は増加しているのである。

　さらに，表3-2を全体として見ると，授産施設の数は1956年に540カ所であったのが，1973年には404カ所へと高度成長期を通じて減少している。これには，保護授産施設と事業授産施設の減少が影響している。しかしながら，先に述べたとおり，心身障害者のための授産施設では高度成長期を通じて増加し

表 3-2　戦後の授産施設の施設別推移

(カ所)

	生活保護授産施設	社会事業授産施設	身体障害者授産施設	重度身体障害者授産施設	身体障害者福祉工場	精神薄弱者入所授産施設	精神薄弱者通所授産施設	合 計	増 減
1948年度	1,263	–	–	–	–	–	–	–	–
1949年度	–	–	–	–	–	–	–	–	–
1950年度	257	–	–	–	–	–	–	257	–
1951年度	297	–				–	–	297	△
1952年度	539	–				–	–	539	△
1953年度	349	250				–	–	599	△
1954年度	368	198				–	–	566	▲
1955年度	404	157				–	–	561	▲
1956年度	339	172	29	–	–	–	–	540	▲
1957年度	309	181	27	–	–	–	–	517	▲
1958年度	309	182	29	–	–	–	–	520	△
1959年度	264	182	34	–	–	–	–	480	▲
1960年度	245	180	31	–	–	–	–	456	▲
1961年度	228	171	34	–	–	–	–	433	▲
1962年度	216	167	36	–	–	–	–	419	▲
1963年度	207	163	41	–	–	–	–	411	▲
1964年度	190	170	40	–	–	–	–	400	▲
1965年度	184	165	43	–	–	–	–	392	▲
1966年度	170	174	47	–	–	3		394	△
1967年度	161	163	47	5	–	2		378	▲
1968年度	145	165	52	7	–	6		375	▲
1969年度	134	158	58	7	–	20		377	△
1970年度	118	157	59	12	–	35		381	△
1971年度	105	146	61	17	–	31	19	379	▲
1972年度	97	147	64	24	4	36	23	395	△
1973年度	87	144	65	32	6	44	26	404	△
1974年度	81	162	69	36	8	55	36	447	△
1975年度	81	160	67	43	12	62	45	470	△
1976年度	79	160	66	52	13	64	56	490	△
1977年度	76	141	70	53	14	71	66	491	△
1978年度	77	138	72	59	17	77	80	520	△
1979年度	77	142	75	63	18	89	86	550	△
1980年度	76	145	76	79	19	101	107	603	△

注：前年と比べて，△は増加を，▲は減少を表している。

出所：丸山一郎（1998）198頁より筆者作成。

ているのである。この背景には，高度成長期の生活水準の上昇や労働力不足によって保護授産施設や事業授産施設は減少したが，心身障害者には雇用労働者への道が開かれず施設で就労せざるを得ない状況にあったことが影響している。

このように，日本の授産事業は，終戦直後には生活困窮者のために生業の指導や斡旋を行っていたが，高度成長期の生活水準の上昇や労働力不足によって，その性格を変化させることになった。高度成長期の授産事業は，心身障害者や高齢者など雇用労働者として就職が困難な人々への就労対策という性格が強くなったのである。

3　大阪市の授産・内職指導事業

（1）授産事業の歴史と実績

次に，大阪市を事例としながら，高度成長期における授産事業の実態について明らかにする。ここで大阪市を事例とする理由には，大正期から昭和初期にかけて行われた大規模な社会事業が，その後どのような変遷を辿ることになったのかについて触れておきたいからでもある。[24]　その際，数年おきに実施された「実態調査報告書」や「業務概要報告書」等も利用しながら考察を行う。

大阪市の授産事業は，「職業再訓練の機会を与えるとともに，その家庭の収入の増加を図り，併せて勤労報国の精神を養いこれを実践せしめる」[25]という目的のもと，1937年10月に出征軍人の遺家族援護事業として7カ所の市民館で始められた。[26]　そこでは主に，ミシン縫製・編物手芸・和裁の作業が大半であった。その後も利用希望者が殺到したため，新たに活版印刷も採り入れて，1区1施設を目標に授産施設が開設され続けた。しかしながら，戦争勃発と同時に軍需品加工が増大したため，空襲で授産施設の大半が焼失することになった。大阪市においても，授産事業は戦争によってその存在基盤を喪失し，新たに戦後から再スタートすることを余儀なくされたのである。

戦後は，大阪市でも先述の「生活困窮者緊急生活援護要綱」に基づき，生活困窮者に対して授産施設での生業の指導と斡旋を実施した。また，1949年8月には，「授産施設の整理について」の厚生省社会局長通知が出され，授産事業の刷新が行われることになった。これを受けて，大阪市でも1950年3月に「大阪市立授産場規則」を改正している。この改正により，保護授産施設と事業授

表3-3　授産事業の推移（月平均）

（人・円）

	従事人数	平均収入	ミシン科		洋服科		編物科		印刷科		簡易科	
			人員	平均収入	人員	平均収入	人員	平均収入	人員	平均収入	人員	平均収入
1957年度	677	－	－	－	－	－	－	－	－	－	－	－
1958年度	622	－	－	－	－	－	－	－	－	－	－	－
1959年度	457	5,933	56	6,590	10	6,868	27	6,490	40	8,542	318	5,426
1960年度	356	7,014	44	8,152	9	7,248	16	7,835	33	8,064	253	6,615
1961年度	356	8,021	47	8,739	6	10,696	39	6,453	34	7,319	229	8,227
1962年度	318	8,928	46	10,300	7	10,757	38	7,122	33	9,306	193	8,821
1963年度	266	9,871	48	9,800	1	10,430	28	7,561	30	9,506	153	9,747
1964年度	210	9,797	42	13,013	6	7,622	20	9,135	15	12,642	139	8,809
1965年度	182	8,463	30	11,223	7	12,539	25	1,283	20	11,667	101	6,527
1966年度	179	8,794	34	12,510	7	13,981	31	1,528	23	12,607	84	8,962
1967年度	141	10,635	36	13,764	7	14,021	6	1,327	24	13,101	68	7,892
1968年度	121	11,762	33	13,464	6	14,849	3	－	25	13,589	57	9,679
1969年度	123	13,618	34	14,543	7	12,460	4	4,896	19	16,098	59	13,027
1970年度	97	13,637	32	12,320	9	14,432	－	－	14	22,820	42	11,397
1971年度	59	16,047	23	10,710	6	20,480	－	－	11	31,470	17	11,765
1972年度	51	19,157	17	12,571	6	21,864	－	－	10	35,011	16	14,557
1973年度	48	17,762	18	11,111	5	28,861	－	－	9	40,366	16	9,866

注：ここでいう「平均収入」とは，内職工賃の平均収入のことである。
出所：大阪市民生局編『民生事業統計集』各年度版より筆者作成。

産施設を区別して取り扱うことになった。

　それでは実際に，大阪市の授産事業の実績はどうであったのであろうか。表3-3は，高度成長期における授産事業の実績（月平均）について表している。作業種目では「簡易科」で従事している人が最も多く，次に「ミシン科」と「印刷科」で従事している人が多い。「簡易科」では，大きく分けて「造花・アイスクリーム箱作り・玩具の組立て・袋貼り等」と，「キャラメル包装・チューインガム包装・紙折り・製函等」の2種類の作業があった。戦前の授産事業では「ミシン縫製」が大半であったが，戦後は「袋貼り」や「包装」等の簡易作業も採り入れているのが特徴的である。それぞれの作業種目では「印刷科」が最も収入が高く，反対に「簡易科」では収入が低くなっている。これは，「印刷科」や「ミシン科」では技術が必要なため工賃が高いが，「簡易科」では技

術を必要とせず工賃が安いからであると思われる。さらに「1950年調査」⁽²⁷⁾によると，「印刷科」に従事している22人のうち男子は13人で女子は 9 人となっている。「1950年調査」では，調査対象者数220人のうち男子20人で女子200人となっているから，「印刷科」には男子が多く，「ミシン科」や「簡易科」では女子が圧倒的に多かったことがわかる。

　また，表 3 - 3 の従事人数について見てみると，1957年に677人であったのが1973年には48人になっている。全体として，高度成長期を通じて減少していることがわかる。このことは，家庭の主婦が家計補充として従事する家内労働が高度成長期に急増したのに対して，授産事業として施設内で行われる仕事は高度成長期に減少したことを示している。⁽²⁸⁾ただし，作業の種類は，洋服や下着類の「ミシン縫製」⁽²⁹⁾や「包装・袋貼り」といった簡易作業であり，両者に類似性も見られる。

（2）授産事業の実態

　次に，実際に授産施設を利用している人たちは，どのような人たちであったのであろうか。先述の「大阪市立授産場規則」の第 4 条によると，授産施設を利用できる人は，「①生活保護法による保護を受ける世帯員，②未亡人，遺家族及び留守家族等で一般の職業につくことのできない者，③老人，④身体障害者，⑤軽度の疾病患者及び全快者で一般の職業につくことのできない者，⑥一定の収入のない者及び少額所得者等の家族で一般の職業につくことのできない者」⁽³⁰⁾となっている。それでは，全利用者のうち，それぞれどのくらいの割合を占めていて，最も多い利用者はどのような人たちであったのであろうか。この点について，「1950年調査」によると，全利用者のうち「被保護者」は12.2％，「未亡人等」は6.8％，「老人」は8.6％，「身体障害者等」は4.0％，「低所得者等」は64.5％となっている。「1950年調査」では，「低所得者等」が圧倒的に多く「身体障害者等」はわずかしかいない結果となっている。これが「1968年概要」⁽³¹⁾では，「被保護者」は0.7％，「未亡人等」は15.2％，「老人」は17.3％，「身体障害者等」は34.0％，「低所得者等」は32.6％となっている。先の「1950

年調査」と比べると，「被保護者」の占める割合が大幅に減少していることがわかる。これには二つの原因が考えられる。一つは，高度成長により生活水準が上昇したため，生活保護の受給者自体が減少したことである。もう一つは，授産施設で働くと，稼働所得と見なされ生活保護受給額が減額されるためである。また，「1968年概要」では，「老人」や「身体障害者等」の占める割合が増加しているのが特徴的である。つまり，大阪市の授産事業でも終戦直後には生活困窮者のために生業の指導や斡旋を行っていたが，授産事業自体が高度成長期に障害者就労対策へと性格変化しつつあったのである[32]。このことは，家計補充として従事する家内労働が高度成長期に主に夫が会社勤めをしている世帯の主婦によって担われていたのに対して，授産事業として施設内で行われる仕事は主に心身障害者等によって担われていたことを示している。

　さらに，授産事業の実態について明らかにするために，授産施設を利用していた人たちの就労状況について見てみよう。そこで「1954年概要」[33]によると，1カ月あたりの平均稼働日数は25日で，1日あたりの平均稼働時間は9時間となっている[34]。これは，ほぼ全ての利用者が雇用労働者と同じように，休日以外は毎日，朝から夕方まで就労していたということを意味している。さらに「1965年調査」[35]も参照してみると，「1965年調査」では平均値が算出されていないが，1カ月あたりの稼働日数は「15日以上25日まで」が全体の46％を占めていて，1日あたりの稼働時間は「7時間以上」が全体の8割近くを占める結果となっている。いずれにせよ，朝から夕方まで7〜9時間，平日はほぼ毎日，雇用労働者とあまり変わらない就労状況であったということがわかる。

（3）内職指導事業の実態

　ところで，授産事業には施設内での就労以外にも，施設外で就労できる場外授産がある。大阪市では，戦前から授産事業や市民館事業の一つとして場外授産が行われてきた。そこで，表3-4にあるように，1953年12月に授産施設や市民館内に内職指導所を設置し，内職の斡旋を独立の事業として実施することになった。これが内職指導事業である。内職指導事業の目的は，「大阪市立内

表3-4　内職指導事業の年表

年月	内容	備考
1939年4月	中央授産場を創設（総合的なモデル授産場）。	
1944年4月	港，大正第1内職あっせん所を設置。	
6月	東成，西淀川，天王寺，大正，浪速，東，玉出，此花，	
1945年1月	今宮，港，城東市民館の各授産場を休止して内職あっせん所に切り換えた。	
1945年1月	港内職あっせん所を廃止。	罹災取り壊し
3月	大正第1内職あっせん所を廃止。	戦災
	東，今宮，港市民館に付設の授産場を廃止。	戦災
	海老江授産場を廃止。	疎開
	田辺授産場を廃止。	罹災取り壊し
	玉造授産場を廃止。	戦災
1953年12月	大阪市内職指導所規則を制定。	
12月	中央，西淀川，旭，生野，東住吉授産場および城東，福島，今宮（西成），福島，東成，北市民館に内職指導所を設置。	内職希望者の激増
1954年4月	内職会（38カ所）を設立。	グループ単位の斡旋
1955年6月	浪速内職指導所を設置。	浪速市民館に併設
	内職会数が86カ所に増加。	
1956年4月	大阪市授産内職振興会を結成。	
1957年10月	此花内職指導所を設置（内職会数が66カ所になる）。	
1958年4月	大阪市委託内職会総連合会を結成。	
9月	東住吉授産場を元警察署に移転し，阿倍野授産場となる。	
1962年6月	大阪市授産内職会員共済会を結成。	
11月	都島授産場を設立。	都島区社協に経営委託
1964年3月	西淀川授産場を廃止し，身体障害者収容授産場および西淀川内職指導所となる。授産場条例制定（3月19日）。	身体障害者福祉法に基づく施設
1965年3月	北市民館，阿倍野授産場を廃止。	授産事業の合理化による廃止
3月	城東，此花，東成，西成，福島内職指導所を廃止。	
4月	内職工賃の立替金制度を貸付金制度に改革。	
1967年10月	生野授産場，生野内職指導所を廃止。	生野老人センターとなる
1971年7月	旭内職指導所を廃止する。	
9月	内職会を5ブロックに再編成する。	
1974年6月	大阪市内職事業20周年記念激励慰安大会（補助金）。	梅田コマ
1979年8月	大阪市内職事業25周年記念激励慰安大会（補助金）。	新歌舞伎座
1984年12月	大阪市内職事業30周年記念激励慰安大会（補助金）。	新歌舞伎座
1999年4月	内職会数が18カ所（4ブロック）になる。	
2003年11月	内職会数が11カ所（4ブロック）になる。	
2004年	内職事業50周年（予定）。	

出所：大阪市立中央授産場の資料提供により筆者作成。

図3-2　内職指導事業の仕組み

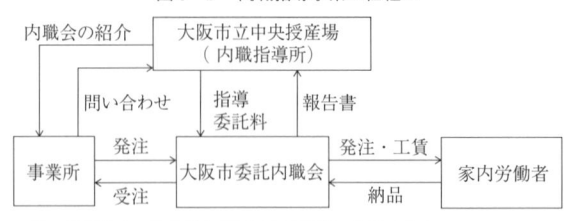

注：委託料は，均等割と人頭割と工賃割の合計である。
出所：大阪市立中央授産場の資料提供により筆者作成。

職指導所規則」の第1条によると，「家庭において内職を希望する者に対し，内職のあっ旋及び技術の指導を行い，生計の補助と貯蓄の奨励に資すること[36]」とされている。内職指導事業は，図3-2のような仕組みで実施されている。これにより，これまで家庭の事情により通勤できない生活困窮者に個別に対応していたのを，内職会の結成を奨励することで内職会を通じて内職の斡旋を行うことにしたのである。また，内職会は30世帯を単位として結成され，その認定基準は，主に「内職会同士1キロメートル以上離れていること，低所得者を対象とすること，内職斡旋の経験が6カ月以上あること，毎月帳簿を提出すること，大阪市民であることなどが盛り込まれ，各内職会の責任者には社会的責任の自覚，社会福祉事業に深い関心と理解のあること，事務及び指導管理能力があること[37]」が必要とされた。

　表3-5で内職指導事業の実績を見ると，1957年に内職会数は66で従事世帯数は6142であったが，1974年には内職会数は52で従事世帯数は1404へと減少している。中には，30世帯以下の内職会も多々あり，これは内職会結成の基準を下回っている。また，内職指導所そのものも1957年には12カ所あったが，年々減少し続け1971年以降は1カ所だけとなっている[38]。このように，高度成長期を通じて内職指導事業の実績は大幅に減少していることがわかる。

　ここで，内職指導事業の実態について明らかにするために，「1970年調査[39]」を参照してみよう。「1970年調査」では，従事者526人と内職会責任者56人に郵送による調査をしている。圧倒的に女性が多いことから性別の調査はしていな

表3-5 内職指導事業の推移（月平均）

	内職会 （会数）	従事世帯 （世帯数）	一世帯あたりの 平均内職収入(円)	内職指導所 （所数）
1957年度	66	6,142	−	12
1958年度	74	5,617	−	12
1959年度	68	2,135	2,247	12
1960年度	66	2,209	2,643	12
1961年度	63	2,211	3,114	12
1962年度	63	2,095	3,517	12
1963年度	61	2,035	3,886	12
1964年度	59	1,940	4,293	12
1965年度	62	2,139	4,780	5
1966年度	64	2,271	5,007	5
1967年度	66	2,283	5,606	4
1968年度	65	2,226	6,822	4
1969年度	63	2,087	7,528	3
1970年度	63	2,033	6,832	3
1971年度	58	1,527	8,860	1
1972年度	53	1,611	9,381	1
1973年度	53	1,504	10,773	1
1974年度	52	1,404	11,174	1

出所：大阪市民生局編『民生事業統計集』各年度版より筆者作成。

いが，おそらく9割以上は女性であると思われる。「1970年調査」によると，従事者のうち48.8%が「30〜40歳代」であり，家族形態も3〜5人の核家族が多くなっている。世帯主の職業では「勤め人」が71.5%を占め，工員や事務員が多く，公務員もいる。このように，30〜40歳代の夫が会社勤めをしている家庭の主婦が従事していたという点で，家計補充として家庭の主婦が従事する家内労働とあまり違いはない。次に就労状況について見ると，1日あたりの労働時間は「4〜6時間」の人が全体の51.1%で，1カ月あたりの労働日数は「16〜25日」が全体の61.0%である。作業の種類も「紙製品加工」，「包装荷造り」，「電気機械器具加工」，「刺繍」等が多かった。作業の種類でも，家計補充として家庭の主婦が従事する家内労働とあまり違いがなかったようである。

　一方，内職会の運営状況について「1970年調査」によると，仕事の受注開拓や受注単価が低いこと等に内職会責任者は頭を悩ませていた。特に，従事者の

ために継続的な仕事の受注を行わなければならないが，しばしば仕事が途切れることもあった。そのため，従事者の中にはパートタイマーに転職する者も少なくなかったのである。このように，受注単価が低いことや仕事が途切れやすくパートタイマーに転職する者が多かったことから，内職指導事業の実績が上がることはなかった。また，そもそも低所得者対策として始められた事業であったため，夫が会社勤めをしている家庭の主婦にとって，「内職会」の持つイメージに敬遠しがちであったということもあるかもしれない。いずれにせよ，家庭の主婦が家計補充として従事する家内労働が高度成長期に増加したのに対して，内職指導事業の実績は高度成長期に減少することとなった。しかも，作業の種類や担い手にあまり違いがなかったにもかかわらず，内職会の運営状況が上手くいっていなかったため，結果として内職指導事業の実績は高度成長期に減少したのである。

4　家内労働との同一性と異質性

　これまで本章では，授産事業の歴史とその政策について考察を行い，次に大阪市を事例としながら，授産事業がどのような変遷を辿ることになったのかについて明らかにしてきた。こうした手順を経ることで，家庭の主婦が家計補充として従事する家内労働と授産事業として施設内外で行われる仕事を同一であると見なしてよいのか，それとも同一には捉えることのできない異質性があるのかどうか，その実態が明らかになると考えたからである。そこで最後に，これまで考察してきたことの要点を整理した上で，家庭の主婦が家計補充として従事する家内労働と，授産事業として施設内外で行われる仕事との関係について述べたい。

　本章で考察してきたことは，以下の四点である。

　まず第一に，終戦直後の日本は戦災による生活困窮者や，外地からの引揚者によって失業が深刻な問題となっていたため，授産事業による生業の指導や斡旋を生活困窮者等に対して行ったということである。これには，財政的な制約

があったことや，金品の支給は惰民の助長につながると考えられたからであった。いずれにせよ，授産施設の設置費と事務費を国庫補助対象としたので，施設数は急増し経営が不明確な施設が多かった。

　第二に，終戦直後の授産事業は広範囲にわたって実施され施設数は急増したが，高度成長期を通じて授産施設は減少し続けることになったということである。というのも，高度成長期の生活水準の上昇や労働力不足によって，保護授産施設や事業授産施設は減少することになった。ただし一方で，高度成長期を通じて心身障害者のための授産施設は増加している。このことは，高度成長期に授産事業が，心身障害者を中心に雇用労働者として就職が困難な人々への就労対策になりつつあったことを示している。

　第三に，家庭の主婦が家計補充として従事する家内労働と授産事業として施設内で行われる仕事には，類似性も見られるが同一には捉えることのできない異質性があることも明らかとなった。作業種目では，「ミシン縫製」の他に「包装・袋貼り」といった簡易作業もあり，両者に類似性が見られた。しかしながら，家内労働者数が高度成長期に急増したのに対して，授産事業の従事者数は高度成長期に激減することになった。しかも，家計補充として従事する家内労働が高度成長期に主に夫が会社勤めをしている世帯の主婦によって担われていたのに対して，授産事業として施設内で行われる仕事は主に心身障害者や高齢者によって担われていたのである。

　第四に，一方で内職指導事業を見てみると，作業種目や担い手という点では，家庭の主婦が家計補充として従事する家内労働とあまり違いはなかった。ただし，内職会の運営状況が上手くいってなかったため，内職指導事業の実績は高度成長期に減少することになった。内職会の運営が上手くいかなかった理由には，仕事が途切れやすくパートタイマーに転職する人が多かったり，そもそも低所得者対策として始められたため「内職会」のイメージに敬遠しがちであったということがあげられる。以上が本章で考察してきたことの要点である。

　このように，明治初期から終戦直後まで，授産事業では生活困窮者に施設内外で裁縫などの仕事をさせていたが，1950年代に社会福祉の概念が一般化する

とともに，授産事業の対象者に心身障害者が多くなってきたため，施設内での仕事は福祉的就労として社会福祉の枠組みで捉え，家庭の主婦が自宅で家計補充として従事する労働と区別するようになった。例えば，大阪市では，1953年にそれまで授産事業の一つとして行ってきた場外授産を内職指導事業とすることで区別している。その後，1970年に家内労働法が制定されたため，家庭の主婦が自宅で家計補充として従事する家内労働は労働法の枠組みで捉えるようになったのである。このため，内職指導事業の作業種目や担い手と，家庭の主婦が家計補充として従事する家内労働との間に異質性が見られなかったのである。これまで，労働と福祉の二分法でもって，両者の関係について考察するアプローチが一般的であったが，歴史的に見ると両者は密接不可分に混じりあっていたということができるであろう。そのため，社会科学の用語として使用される「内職」には，家庭の主婦が従事する家内労働の他に，授産事業として施設内外で行われる仕事も含めて捉えられるのである。

注
(1) 本章の作成にあたって，大阪市立中央授産場から資料を提供していただいた。記して感謝いたします。
(2) 江口英一（1965b）889頁。
(3) 「内職」の定義について，本書では，さしあたり江口英一の定義に基づくことにする。
(4) 江口英一（1965a）97頁。
(5) 高度成長期の家内労働法制定をめぐる政策論議については，第2章を参照。
(6) 1951年10月25日付基収第3821号通達で，授産施設の作業員は労働者でないということが決められた。
(7) 岡部実夫（1972）16頁。
(8) 吉田久一（1994）86頁。
(9) この時期，植民地でも授産事業が行われていた。例えば，植民地台湾でも「高砂族」に対して授産事業が行われた。
(10) 詳しくは，社会保障研究所編（1975）8頁。
(11) 厚生省編（1988）802頁。
(12) 岸勇（1949）15頁。
(13) 『朝日新聞』1949年6月16日付。
(14) 厚生省監修（1992）177頁。
(15) 同上書，175頁。
(16) 生活保護法規研究会編（2002）54頁。
(17) 1938年の社会事業法を廃止して，新しく制定された。また，1955年1月4日の厚生事

務次官通知「授産施設の運営について」によって，事業授産施設では稼働能力のある失業者に家計補助を行わせると定められた。

⒅　例えば，1950年4月25日に「授産事業刷新に伴う公共職業安定所関係事項について」の厚生省社会局通知が出され，労働能力のある作業員は，公共職業安定所を通じて積極的に職業の斡旋をするとしている。しかしながら，何らかの理由によって，一般労働市場で働けないから授産施設で働いているのであって，簡単に就職先が決まるわけがなかった。

⒆　1963年4月23日に出された厚生省社会局長通知（「保護施設以外の授産施設に係る施設事務費の取扱いについて」）で，事業授産施設の施設事務費も国庫補助対象となった。

⒇　1961年4月4日には「授産事業の振興対策について」の厚生事務次官通知が出され，家庭授産制度が創設されている。

㉑　長野県では，過疎対策として取り組んでいる。

㉒　1949年制定の身体障害者福祉法第31条では，身体障害者授産施設は「身体障害者で雇用されることの困難なもの又は生活に困窮するもの等を収容し，必要な訓練を行い，且つ，職業を与え，自活させる施設」となっており，入所（収容）することになっていた。1967年になって，通所での施設利用も認められた。

㉓　これは，重度身体障害者授産施設の設置基準（職員数・建築面積等）が，身体障害者授産施設よりも低いためであると思われる。

㉔　杉原薫・玉井金五編（1996）第6章を参照。

㉕　大阪市民生局編（1978）309頁。

㉖　大阪では，明治初期から府レベルで授産事業が行われていた。例えば，1868年11月に府立救恤場が生活困窮者や障害者等の救済を目的として，清水谷付近に設置されている。救恤場では原料器具を貸与して授産を行い，幼少年には読み書きを教えた。いったん閉鎖された後，再び開設したが罹病者救済事業に変質してきたので，1871年4月に廃止し，代わって大貧院が設置された。しかしながら，労働能力のある者とない者が混在し，救貧事業と授産事業が交錯状態にあった。そのため，翌年1月に授産場と改め，裁縫・紙漉・藁細工等の授産事業を行った。詳しくは，近藤文二（1930）を参照。その他に慈善事業家による授産場もあり，横山源之助（1949）は小林授産場を紹介している。小林授産場は救助場の収容者を引き受けて行われたが，1912年には経営不振のため財団法人弘済会に吸収されている。

㉗　大阪市民生局編（1950）。

㉘　労働省の調査結果によると，1958年に70万人いた家内労働者が，1973年には184万人へと高度成長期を通じて大幅に増加した。詳しくは，第1章を参照。

㉙　ミシン縫製には，各種制服や作業服，下着肌着類，カーテンなどがあった。

㉚　大阪市民生局編（1954）38頁。

㉛　大阪市民生局編（1968）。

㉜　大阪市は，身体障害者福祉法の第31条に基づき，1955年4月1日に身体障害者収容授産施設を設置している。

㉝　大阪市民生局編（1954）。

㉞　ここでいう「稼働時間」の中には，休憩時間やレクリエーションなどの時間も含まれていると思われる。

㉟　大阪市民生局編（1965）。

⑶ 大阪市民生局編（1954）38頁。
⑶ 内職ワーク研究会（2002）39-40頁。
⑶ 大阪市民生局編『民生事業統計集』各年度版を参照。
⑶ 大阪市民生局編（1970）。

第4章

家内労働に関する地方単独事業
──大阪府認定内職あっせん事業を中心に──

1 就職困難層の家内労働

2000年4月に，地方分権推進一括法が施行された。これにより，機関委任事務制度と地方事務官制度が廃止され，職業紹介や雇用保険など都道府県で実施していた職業安定行政は，国に移管されることになった。

また，同年4月に施行された改正雇用対策法では，第5条で「地方公共団体は，国の施策と相まつて，当該地域の実情に応じ，雇用に関する必要な施策を講ずるように努めなければならない」とされ，都道府県や市町村も雇用対策に取り組むことが必要となった。さらに同法の第27条で「国及び地方公共団体は，国の行う職業指導及び職業紹介の事業等と地方公共団体の講ずる雇用に関する施策が密接な関連の下に円滑かつ効果的に実施されるように相互に連絡し，及び協力するものとする」とされた。これにより，国と都道府県と市町村が連携・協力しあいながら雇用対策を実施しなければならないようになったのである。

具体的な政策としては，障害者・母子家庭の母・高齢者など就職困難層に焦点をあてて雇用対策を行うことが必要とされており，地域就労支援事業や障害者雇用支援事業などをあげることができるだろう。[1] 特に大阪府では，厳しい財政状況であるが，市町村や関係団体のコーディネート的役割を担いながら雇用対策を行うことが考えられている。

例えば，玉井金五・松本淳編（2003）では，以下のように述べられている。

「大阪府の指導のもとで，各市町村が地域就労支援事業に取り組んでいこうというものである。この事業は，高齢者や障害者等といった就職困難層をメインターゲットにする。フローチャートとしては，そうした人々に対して，事業の中核に据わるコーディネーターが必要な面接やカウンセリングを行ない，それを個別ケース検討会議にかけたうえで，個別就労支援メニューを提供していくというコースをたどる。そして，最終的には直接の雇用・就労に結びつけていこうというものである。メニュー次第では，授産施設や訓練施設，母子生活支援施設といったものが必要になってくることもある。[2]」

　大阪府に限らず，今後，都道府県や市町村が地域社会の実情に応じたキメ細かい雇用対策を具体的にどのような形で実施するのかについては，模索している最中である。しかしながら，大阪府では，これまで障害者・母子家庭の母・高齢者など就職困難層が家内労働に従事するように奨励する事業を地方単独事業として実施してきた経緯がある。認定内職あっせん事業がそれに該当する事業であるが，残念なことに近年の大阪府の財政赤字によって事業そのものが縮小の傾向にある。

　そこで本章では，認定内職あっせん事業についてとりあげ，再度，その事業の意義を近年の雇用対策の動向などと照らし合わせて捉え直すことを課題としたい。[3]というのも，研究史を振り返ると，これまで戦後日本の内職・家内労働についての先行研究は一定量存在するにもかかわらず，外に働きに出られない事情を抱えている障害者や母子家庭の母や高齢者が家内労働に従事する場合について明らかにした研究は見あたらない。ましてや，地方自治体が実施している内職あっせん事業について明らかにした研究はないといってもよいであろう。[4]唯一，大阪市立大学経済研究所編（1954）では，当時の委託内職あっせん事業について部分的に触れているものの，その後現在まで内職あっせん事業について研究されてこなかった。確かに，近年，内職ワーク研究会（2002）が大阪府の認定内職あっせん事業についてルポルタージュしているが，外に働きに出られない事情を抱えている障害者や母子家庭の母や高齢者が家内労働に従事している実態は意図的に捨象され，内職・家内労働は「明るくて楽しいものであ

る」と強調されているのである。それゆえ本章で認定内職あっせん事業につい
てとりあげることは，部分的にしか触れられてこなかった地方自治体が実施す
る内職あっせん事業について明らかにするとともに，戦後日本の内職・家内労
働研究の空白部分を埋めることにもなるのである⁽⁵⁾。

　具体的に以下では，第2節と第3節で認定内職あっせん事業の概要と実態に
ついて分析を行い，第4節で今後の展望として認定内職あっせん事業のあり方
などについて考えることにする。なお本章では，内職あっせん所の実態につい
て明らかにするため，筆者があらかじめ調査票を作成した上で，数名の関係者
から面接聞き取り調査を実施した。後にも触れることになるが，内職あっせん
所は慈善事業でしているわけではなく実態として私企業であり，取引先や取り
扱っている製品について企業秘密にしている所が多い。ましてや家内労働者は
障害があったり母子家庭の母であったり特殊な事情を抱えているため，簡単に
調査に協力してもらえないことが多い⁽⁶⁾。そのため，筆者は大阪府下にある各内
職あっせん所を訪れ，一人ずつ面接聞き取り調査を実施したのである⁽⁷⁾。

2　認定内職あっせん事業の概要

（1）歴史的経緯

　終戦直後の日本は，戦災で生活に困窮している者や外地からの引揚者などに
より，失業が深刻な問題となっていた。そこで大阪府では，これらの者に対す
る救貧政策として，1947年10月に委託内職あっせん事業を始めることになった
のである。当初は，7カ所の民間業者に家内労働のあっせん業務を委託すると
いう方法で実施されていた。

　1948年には，ドッジ・ラインの影響などで失業者が増加したため，家内労働
を希望する者が内職あっせん所に殺到した。そのため，大阪府は内職あっせん
所への委託を80カ所に増やすことで対応することになった。この頃の内職あっ
せん所の所長には，地域の有識者や府会議員がなることが多かったようである。

　当時の委託内職あっせん事業について，大阪市立大学経済研究所編（1954）

では以下のように述べられている。「供給業者の側における事情から工賃の支払いが遅れたり，不払いになった場合に，代わって内職者にその被害を直接受けさせないためには，地方自治体等の資金的援助を受けた斡旋機関は必要である。このような公営斡旋機関の必要性は，もし斡旋機関が正しく運営されるなら，供給業者に内職者が直接交渉するときにはひどく叩かれる工賃を斡旋機関が中に入った時には工賃の引き上げを可能にする条件もあるという点と結合されて，内職者にとって本当に有利なものとなることだろう。しかし実績からいうならばこのように望ましい状態には必ずしもなっていない。府営内職斡旋所のなかには公認 5 ％を超えて手数料をとっているものも見受けられる。…（中略──引用者）…府公認約百ヶ所の斡旋所の経営者の中には，十指にあまる人々が府会議員，その他地方自治体の議員である。府が監督する相手が府会議員であるということは，実際問題として監督ができないことを意味するのではなかろうか。中には府が斡旋所にたいし工賃立替費用のための資金を与えているのにもかかわらず，内職者に対しては，工賃立替を恰かも斡旋者個人の好意であるかのように振舞っているものさえある。そしてこれが一つの選挙地盤として利用される傾向も見られた。…（中略──引用者）…一部新聞で暴露されたように府公認斡旋所の斡旋人員の水増申告を通じての過大資金の獲得という事実を通じてもやはり機構そのものの欠陥を考えさせられる。」[8]

　しかしながら，1955年になると高度経済成長が始まり，このような批判は忘れ去られることになった。そればかりか，高度成長による労働力不足で生活困窮者の多くは，家内労働をやめて雇用労働化するようになった。そのため，内職あっせん所で家内労働を希望する人は，雇用労働化する機会の閉ざされた老人・身体障害者・母子家庭の母が多くなった。もともと終戦直後に，戦災による生活困窮者や海外引揚者に対する救貧政策として始められた事業であったが，高度成長による労働力不足のため，就職困難な老人や身体障害者のための防貧的側面が強くなったのである。そこで，1963年 8 月に所管を民生部保護課から福祉課へ移管し，事業の対象を主に，老人・身体障害者・母子家庭の母・一般少額所得者とすることになった。[9]

　そして，1973年頃になると，もともと終戦直後の社会経済構造に応じて始められた事業であったため，高度成長期以降の社会に対応した事業のあり方が問われるようになってきた。このため，1975年4月に，知事の附属機関である大阪府内職あっせん所運営審議会の答申に基づき，委託内職あっせん事業を認定内職あっせん事業に変更することになった。

　この認定内職あっせん事業は，生活困窮者の救済や身体障害者の自立更生，あるいは老人の生き甲斐対策といった福祉的要素と，就職困難層のための就労対策といった労働的要素を併せ持った事業である。1978年4月には，所管を民生部福祉課から労働部労政課へと移管し，労働行政の一環として扱われるようになっている。[10]

（2）認定内職あっせん事業の仕組み

　1975年4月以降，認定内職あっせん事業は，図4-1で示されるとおり実施されている。

　まず，内職あっせん所が認定を受けたい場合，「社会福祉法人　大阪府家内労働センター」（以下，家内労働センターと略記）へ認定申請書を提出し，大阪府の審査に合格しなければならない。この際，大阪府の認定を受けるためには，以下の基準をすべて満たしていなければならない。それは，①大阪府の区域内において，内職あっせん業を継続して6カ月以上行っていること[11]，②30人以上（そのうち障害者，生活要保護者，母子家庭の母が5人以上）に家内労働をあっせんしていること，③工賃の支払い能力および技術指導の能力を有していること，④家内労働手帳を家内労働者に交付していること，⑤家内労働法第6条に規定する方法で工賃の支払いをしており，最低工賃が定められている業種を実施する場合は，最低工賃額以上の工賃を支払っていること，⑥家内労働資材の集配に必要な設備機器を有していて[12]，家内労働法に規定する安全および衛生に関する必要な措置を講じていること，⑦家内労働法第27条の規定により帳簿を備え付けていること，の7項目である。この審査に合格すると，大阪府の認定を受けることができるようになっている。ただし，認定期間は申請した年度（4月

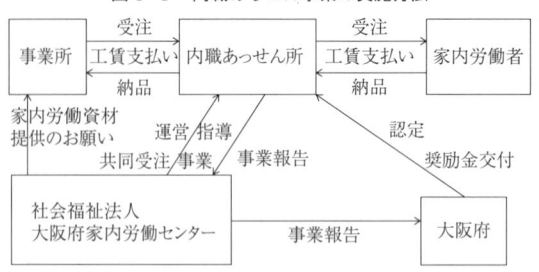

図4-1　内職あっせん事業の実施方法

出所：大阪府（2000）4頁より筆者作成。

1日〜3月31日）までに限られており，その期間を越えて認定を受けたい場合は，再度，申請を行わなければならないことになっている。また，認定の基準を著しく下回るようになった時や，是正勧告に従わなかった時には認定を取り消すことができるようにもなっている。

　一方，図4-1を見ると，内職あっせん所と大阪府を結ぶ組織として，家内労働センターがある。同センターは，内職あっせん所の運営指導や家内労働の共同受注などを行っている。もともと同センターは，各内職あっせん所の受注開拓を一括して共同で行っていたり，内職あっせん所の所長研修会や家内労働者のための講習会を実施するため，1952年に内職連絡協議会を設置したのが，その始まりである。その後，1954年8月には厚生大臣の認可を受けて，社会福祉法人大阪府内職あっせん所連合会となり，1990年8月には「社会福祉法人大阪府家内労働センター」と名称変更している。[13] 1996年度より，家内労働資材の開拓のため，専任の内職資材開拓員を設置している。

（3）各種在宅作業奨励金

　図4-1によると，認定内職あっせん事業では，大阪府は各内職あっせん所に認定を与える以外に，各種奨励金の交付も実施している。これまで，大阪府が交付してきた奨励金には，大きく分けて，①一般及び障害者等在宅作業奨励金，②重度障害者在宅作業奨励金，③重度障害者特別在宅作業奨励金，④老人等共同作業奨励金の4種類がある。これらは，いずれも内職あっせん所に支給

されている。

　まず，①一般及び障害者等在宅作業奨励金とは，就職困難な老人・身体障害者・生活要保護者・母子家庭の母・一般少額所得者に対し，家内労働の就労機会を提供する目的で支給される奨励金である。

　かつては，一般少額所得者に対する一般在宅作業奨励金と，老人・身体障害者・生活要保護者・母子家庭の母に対する老人等在宅作業奨励金となっていた。しかしながら，一般少額所得者とは生活に困窮している者とするだけで明確な基準がないことや，大阪府の財政赤字などの理由から，1999年度より廃止されることになった。一方，老人等在宅作業奨励金についても，60歳以上の老人に対する在宅作業奨励金を2000年度から廃止し，身体障害者・生活要保護者・母子家庭の母に対象を限定した障害者等在宅作業奨励金となった。

　障害者等在宅作業奨励金で決められている障害者とは，身体障害者・知的障害者・精神障害者のことであり，身体障害者手帳や療育手帳もしくは精神障害者保健福祉手帳を所持する者のことである。また，生活要保護者とは生活保護法第6条第2項に規定する状態にある者のことであり，母子家庭の母とは離婚や死別により配偶者のいない女性か未婚の母で，20歳未満の子供を扶養している者のことである。奨励金は，1カ月あたりのあっせん人員数と支払い工賃額に応じて，内職あっせん所に支給される。支給額は月平均で，約2万6000円となっている。奨励金の支給を受けようとする時は，事業報告書を毎月，家内労働センターを通じて大阪府に提出しなければならない。

　図4-2は，一般及び障害者等在宅作業奨励金の年度別実績（実人員延べ数）を表している。図4-2によると，一般少額所得者と老人の占める割合が大きいことがわかる。しかしながら，1999年度と2000年度に奨励金の支給対象者が大幅に減少している。

　次に，②重度障害者在宅作業奨励金とは，1級か2級の身体障害者や重度Aの知的障害者，もしくは1級の精神障害者に対し，家内労働の就労機会を提供する目的で支給される奨励金である。奨励金は，1カ月のあっせん人員1人につき6000円が，内職あっせん所に支給される。重度障害者が家内労働で稼

図4-2　一般及び障害者等在宅作業奨励金の年度別実績（実人員延べ数）

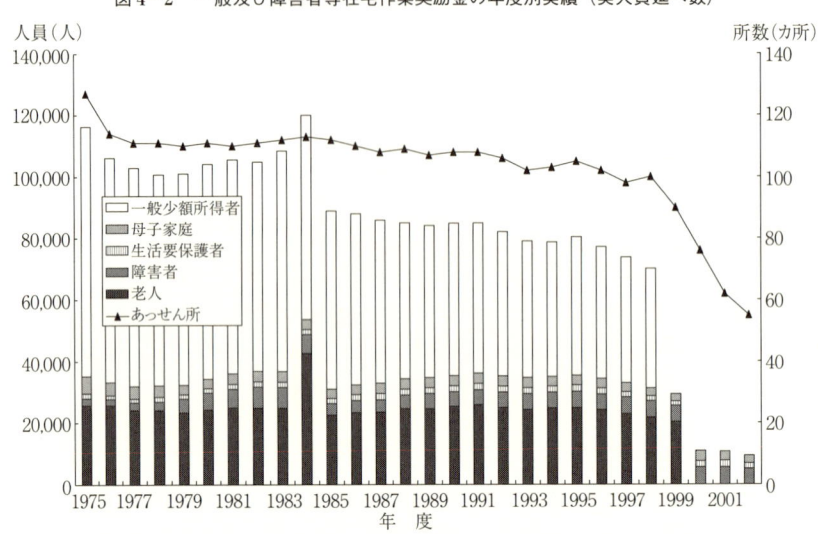

注：一般少額所得者は1999年度以降，老人は2000年度以降対象外となっている。
出所：大阪府商工労働部の資料提供により筆者作成。

ぐ工賃収入は，1カ月あたり平均1万2000〜1万5000円ぐらいである。

　図4-3は，重度障害者在宅作業奨励金の年度別実績（実人員延べ数）を表している。図4-3では，1985年度からのデータを表しているが，同奨励金は1982年4月より実施している。1982年度は354人，1983年度は600人，1984年度は636人が奨励金の対象となっている。図4-3を見ると，1988年度より大体750〜810人前後が奨励金の対象となっていることがわかる。内訳では，肢体障害者と聴覚障害者の占める割合が大きい。しかしながら，近年，肢体障害者の占める割合は小さくなり，代わりに精神障害者や知的障害者の占める割合が大きくなっている。

　さらに，③重度障害者特別在宅作業奨励金とは，1級か2級の視覚障害者や重度重複障害者に対し，家内労働の就労機会を提供する目的で支給される奨励金である。奨励金は，1カ月のあっせん人員1人につき1万5000円が内職あっせん所に支給される。視覚障害者や重度重複障害者が家内労働で稼ぐ工賃収入

図4-3　重度障害者在宅作業奨励金の年度別実績（実人員延べ数）

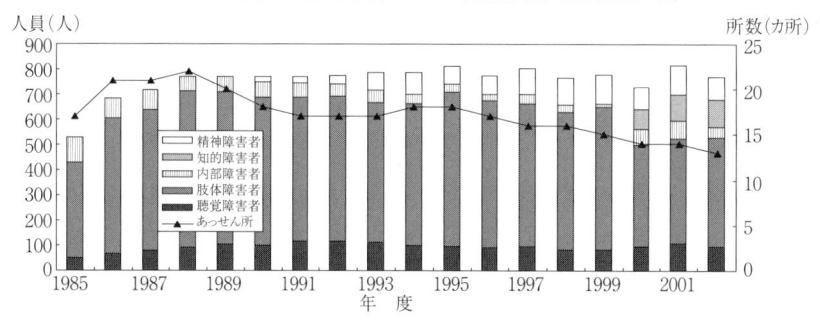

出所：大阪府商工労働部の資料提供により筆者作成。

図4-4　重度障害者特別在宅作業奨励金の年度別実績（実人員延べ数）

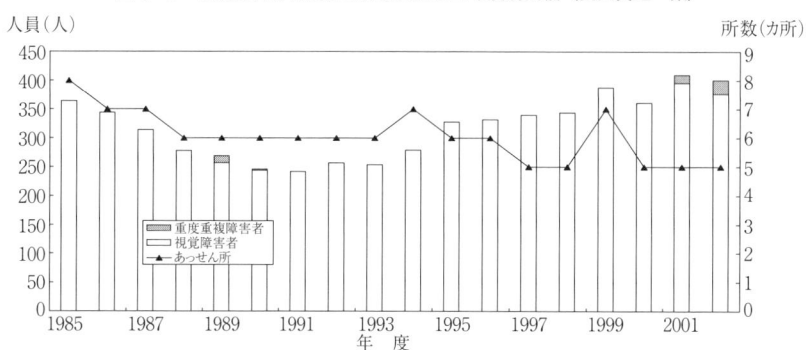

出所：大阪府商工労働部の資料提供により筆者作成。

は，1カ月あたり平均1万円ぐらいである。

　図4-4は，重度障害者特別在宅作業奨励金の年度別実績（実人員延べ数）を表している。図4-4を見ると，大半が視覚障害者であり，重度重複障害者はほとんどいないことがわかる。重度重複障害者が家内労働に従事するのは難しいようである。同奨励金は，1985年4月に実施されて以来，減少の傾向にあったが，1994年度より増加している。

　最後に，④老人等共同作業奨励金とは，就職困難な老人や身体障害者に対し，共同作業施設での就労機会を提供する目的で支給される奨励金である。ここでいう共同作業施設とは，内職あっせん所内に設置され，設置基準として家内労

図4-5　老人等共同作業奨励金の年度別実績（実人員延べ数）

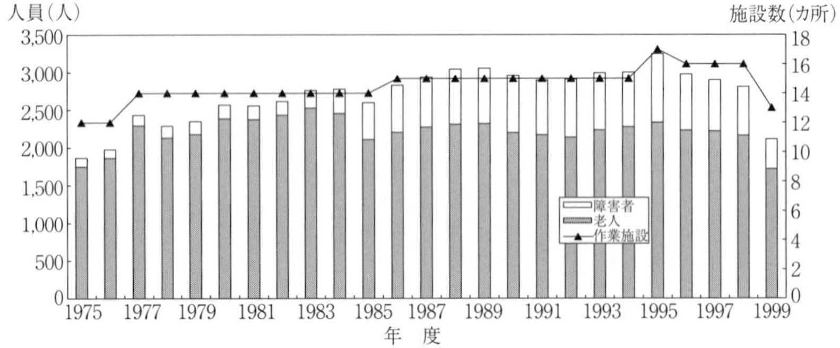

注：2000年度以降は，奨励金を廃止している。
出所：大阪府商工労働部の資料提供により筆者作成。

働者1人あたりの平均床面積が3㎡以上か，施設全体の床面積が66㎡以上であることとなっている。家内労働法が適用されている。作業時間は朝の9時から夕方の5時までであり，正午と3時に休憩時間がある。共同作業施設で働く人の工賃収入は，1カ月あたり平均2万8000～3万円ぐらいである。

　図4-5は，老人等共同作業奨励金の年度別実績（実人員延べ数）を表している。図4-5によると，60歳以上の老人が多いが，1985年度ぐらいから障害者の数も多くなっている。しかしながら，同奨励金は1973年4月より実施されてきたが，財政赤字などの理由から2000年度以降は廃止となった。ただし，共同作業施設自体は今でも幾つかの内職あっせん所内に設置されている。

3　認定内職あっせん事業の実態

（1）内職あっせん所の実態

　脱工業化の影響で家内労働は年々減少の一途を辿っている。大阪府下にある認定内職あっせん所もかつては100カ所以上あったが，2003年度には55カ所に減少している。図4-2の折れ線グラフは，認定内職あっせん所の所数について表している。これによると，1975年度には127カ所あったが，2000年度には

76カ所へと急激に減少していることがわかる。これには，一般少額所得者や老人を対象とした奨励金の支給を廃止したことも影響している。

　内職あっせん所の実態について見てみると，自宅で内職あっせん所をしている所や，貸倉庫を使って内職あっせん所をしている所などがある。所長は50歳から80歳ぐらいの人までいる。中高年の人が多い。所長が高齢の場合，その子供が所長代理として実質的に内職あっせん所を取り仕切っている。女性の所長も多く，性別による偏りは特にない。たいていの内職あっせん所は数十年前から大阪府の認定を受け続けており，最近になって認定を受け始めたという所はほとんどない。以前は会社勤めをしていたが，親の跡を継いで内職あっせん所をしているという所も何カ所かある。内職あっせん所の中には，所長が経営する親会社が仕事の受注や開拓などを行い，内職あっせん所はその仕事を請け負うという仕組みになっている所がある。所長が経営する会社の形態は有限会社や株式会社であり，実態として私企業であって，慈善事業で内職あっせん所をしているわけではない。

　取引先は3〜10社ぐらいである。高齢の所長が自宅で内職あっせん所をしている場合，新しい仕事の開拓が難しいので取引先は少ないが，50歳ぐらいの所長が貸倉庫を使って内職あっせん所をしている所は扱う仕事も多いため，取引先も多くなっている。取引先は，ほとんどが中小企業であり，大企業と直接的な取引関係にある内職あっせん所はない。しかしながら，扱っている仕事は大企業の製品であり，大企業と内職あっせん所の間に印刷会社など数社が仲介しているようになっている。内職あっせん所が独自に仕事を開拓する以外にも，家内労働センターから割り当てられる仕事がある。

　内職あっせん所では幅広い種類の家内労働を扱っており，それぞれの内職あっせん所によって扱う作業が異なっている。例えば，大阪府（1991）によると，13年前までは，タオルや食料品（昆布・野菜）の包装，菓子箱や薬品ケースの箱貼り，編物・手芸やミシン縫製，電気機械器具の組立て，ネックレスやイヤリングなどの装身具加工があった。その他に，フックボルト加工，サッシ金具の組立て，線材加工などがあったが，近年は家内労働そのものの減少

により，主にタオルや生活雑貨品の包装，ダイレクトメールの発送作業，菓子箱や薬品ケースの箱貼りを扱う内職あっせん所が多いようである。例えば，「100円均一ショップ」の製品の袋詰め作業や，小中学生向けの通信教育をしている企業のダイレクトメール発送作業などがある。ある内職あっせん所では[14]，老舗百貨店のダイレクトメール発送作業を取り扱っているため，衣料品のバーゲンやお中元・お歳暮の時期前になるとカタログを封筒に入れる仕事が多くなる。2003年はプロ野球チームの「阪神タイガース」がリーグ優勝をしたので，タイガース関連製品の仕事が多くなったりした[15]。このように家内労働は，大量生産に向かない仕事や，季節的繁閑のある仕事を扱っている。仕事が多く忙しい時期は10〜12月であるが，逆に仕事が少ない時期は2月と5月と8月頃である。これは，盆正月と年度末に発注元の企業が生産を停止するため，その影響で家内労働の仕事がなくなるからである。

　家内労働者の募集の方法は，大半の内職あっせん所が近所の口コミであり，障害者や生活要保護者の場合，福祉事務所や民生委員からの紹介で来ることがある。求人広告を出して募集している内職あっせん所は少ない。家内労働に従事している人のうち約9割ちかくが女性であり，男性はほとんどいない。60歳以上の老人や一般少額所得者は奨励金の支給対象から除外されるようになったが，依然として家内労働に従事している人の大半は老人と一般少額所得者である。

　家内労働者が稼ぐ工賃収入は，1カ月あたり平均2万円ぐらいであるが，これは内職あっせん所によってばらつきがある。というのも，内職あっせん所の仲介手数料について特に規制がないため，一律20％という所もあれば60％ぐらいという所まである。また，常に仕事がある内職あっせん所と，あまり仕事がない内職あっせん所がある。このため，同じような種類の作業であっても内職あっせん所によって家内労働者の収入にばらつきが出るようになっている。作業1つあたりの単価は，安いもので数十銭ぐらいのものから数十円するものまである。大阪府下では，「婦人既製洋服製造業」，「男子既製洋服製造業」，「タオル製造業」，「洋傘製造業」，「横編ニット製造業」の家内労働に限り最低工賃

が決められているが，内職あっせん所で取り扱っている家内労働の大半は最低工賃が決められていない作業である。そのため，作業1つあたりの単価は，内職あっせん所の裁量で決められている。家内労働は出来高給のため賞与や手当の支給はなく，盆正月にお菓子の配布をしている所も特にない。家内労働資材の集配は内職あっせん所の従業員が自動車でしており，不良品が出た時のやり直しや弁償はさせていない。これまで大きな家内労働災害は起きていない。

（2）内職あっせん事業の問題点

　認定内職あっせん事業の改善すべき問題点として，以下の点をあげることができる。それは，第一に内職あっせん所の仲介手数料に上限規制がないということである。いうまでもなく，家内労働者は散在していて工賃額の決定に対して，内職あっせん所と団体交渉することができない状態にある。ましてや，認定内職あっせん事業で対象となる家内労働者は，障害があったり母子家庭であったり特殊な事情を抱えている人たちである。内職あっせん所に対して文句をいえば，その日から仕事を出してもらえなくなる弱い立場にいる。考えられる対策として，厚生労働省大阪労働局が審議会で紙箱貼りや包装・袋詰め作業など内職あっせん所が取り扱っている作業に対して，細かく最低工賃額を決定するか，もしくは大阪府が認定を与えている内職あっせん所に対して仲介手数料の上限を規制する必要がある。しかしながら，内職あっせん所の側も不良品のやり直しや弁償をさせていないことと，家内労働資材の集配を従業員が自動車でするための必要経費を考えると，仲介手数料は高くなってしまうようである。内職あっせん所は慈善事業でしているわけではないということも考慮して，仲介手数料の上限を決めるべきであるだろう。

　次に，奨励金制度について，個々の事情に応じて通勤可能な障害者等に対しては授産施設や福祉工場などでの就労を促進し，通勤困難な事情を抱えている母子家庭の母や障害者に対しては奨励金制度を残しておくべきである[16]。また，母子家庭の母に対しては，IT 関連の職業訓練を行い，低工賃の家内労働から脱却できるようにすることも必要である[17]。

さらに，近年の経済不況のため大阪府下で野宿生活を余儀なくされている高齢の日雇労働者やホームレスに対して，家内労働による自立支援策も検討すべきである。例えば，ホームレスの自立支援をしているNPO法人が，施設内に共同作業施設を設置した場合，「ホームレス等共同作業奨励金」をNPO法人に支給するというものである。野宿生活者や高齢の日雇労働者が共同作業施設でする仕事は，もちろんNPO法人が独自に受注開拓すべきであるが，一部分は各内職あっせん所と協力して仕事を融通しあうなどできるのではないだろうか。

4　認定内職あっせん事業の展望

　近年，家内労働や在宅ワークをめぐる詐欺事件が多発している。それらは主に，高額な機器を購入させたり，技術取得のための研修費を徴収しておいて，仕事をあっせんしないというような手口である。[18]このような詐欺事件に対しては，2001年6月に施行された特定商取引法で規制されているが，被害が後を絶たない状況にある。そこで，認定内職あっせん事業のように，地方公共団体から認定を与えられた内職あっせん所が，希望者に対して安心して働ける家内労働を提供している点は注目すべきであると思われる。

　また，生活保護制度の点から見ると，1981年11月に厚生省社会局が「生活保護の適正実施の推進について」（社保第123号）の通知を出し，1984年から被保護人員と保護率が低い水準に抑えられていた。1995年度からは被保護人員と保護率が上昇しているものの，母子世帯の保護率が低水準である。母子世帯の生活保障として，生活保護制度のほかに児童扶養手当制度があるが，2002年11月に，母子及び寡婦福祉法と児童扶養手当法を改正（2003年4月施行）し，支給開始から5年で半額を限度に支給額を削減（一部支給停止）することと，就業による経済的自立を目標とするといった自立条項が導入されることになった。[19]この点から見ても，認定内職あっせん事業のように，母子家庭の母に対して就労の機会を提供している点は注目すべきではないだろうか。

　しかしながら，認定内職あっせん事業は，大阪府の財政危機の影響を受けて，見直しの対象となっている。この背景には，第三セクターの経営破綻などイベント開催型開発や大型プロジェクトの失敗があることは間違いないが，それとともに本章の冒頭であげた地方分権改革の影響がある。

　というのも，2000年4月に地方分権推進一括法が施行されて以来，国と地方の関係の見直しが進められてきており，2003年6月27日には，経済財政諮問会議の「経済財政運営と構造改革に関する基本方針2003」(骨太方針2003) が閣議決定されるに至っている。[20]これにより，国と地方の改革として，国庫補助負担金の廃止や地方交付税交付金の縮減および国から地方への税源移譲といった三位一体の改革が示されているが，歳入面における地方公共団体の自由を拡大するための十分な税源移譲については具体化されないままである。このため各地方公共団体は，財源の十分でない事業について廃止・削減する必要に迫られている。

　地方公共団体は単なる国の受け皿のような存在ではない。地方公共団体は，地域の実情に合わせたキメ細かい政策を行うことができる特性を持っており，特に近年のように失業が深刻な社会問題となっている時には福祉的側面も兼ね備えた自治体雇用政策が必要不可欠となっている。

　注
(1)　その他に，府内各地域における雇用政策として，大阪府 (2002) 63頁では，「市町村の実施体制の整備を促進する一方，それまでの間『家内労働援助相談事業』など雇用・就業に関する住民に身近な幅広い相談の実施」をあげている。
(2)　玉井金五・松本淳編 (2003) 9-10頁。
(3)　本章の作成にあたって，大阪府商工労働部雇用推進室労働福祉課労働者福祉グループから資料を提供していただいた。記して感謝致します。
(4)　京都では，「京都内職友の会」という協同組合型の共同受注団体 (京都府と京都市が認定) が，内職・家内労働の相談やあっせんをしている。京都内職友の会については，西村豁通他 (1968) や野村かつ子 (1969) および，Kamio, K. (1995) で部分的に紹介されている。
(5)　戦後日本の内職・家内労働研究について，さしあたり，第1章と第2章を参照されたい。しかしながら，ここでも分析の主眼は家庭の主婦が家内労働に従事する場合であり，就職困難層が家内労働に従事する場合については，触れられていない。
(6)　実際，筆者が実施した面接聞き取り調査でも，数名の人が調査に協力してくれなかっ

た。

(7) 面接聞き取り調査は，2003年12月〜2004年1月にかけて，筆者が一人で実施した。実際に聞き取りをした人は，以下のとおりである。T. E. 氏（社会福祉法人大阪府家内労働センター理事長）2003年12月12日。A. J. 氏（大阪府認定針中野内職あっせん所長）2003年12月16日。T. E. 氏（大阪府認定浪速内職あっせん所長）2003年12月20日。H. T. 氏（大阪府認定歌島内職あっせん所長代理）2004年1月16日。O. K. 氏（大阪府認定大桐内職あっせん所長）2004年1月20日。H. T. 氏（大阪府認定大野芝内職あっせん所長）2004年1月23日。

(8) 大阪市立大学経済研究所編（1954）107-109頁。

(9) この頃になると，委託内職あっせん所の数は，115カ所に増加している。1969年には，132カ所あった。詳しくは，大阪府（1969）16頁を参照。また，内職あっせん所と税務署の話し合いで，内職あっせん所と家内労働者の双方ともに所得税を課税しないということになっていた。詳しくは，『第2回　大阪地方家内労働審議会議事要録』1971年3月10日（大阪社会運動協会所蔵）を参照。

(10) 内職あっせん事業は，大阪府の機構改革などにより，数回の移管を実施している。それは，民生部保護課（1947年10月）→民生部福祉課（1963年8月）→労働部労政課（1978年4月）→労働福祉課（1988年4月）→労働福祉推進課（1997年4月）→商工労働部雇用推進室（2000年4月）となっている。

(11) 内職あっせん所の所長は，内職あっせん事業を積極的かつ誠実に実施するよう努力するとともに，当該事業で知ることのできた秘密を漏らしてはいけないことになっている。

(12) ここでいう，家内労働資材の集配に必要な設備機器とは，集配のための自動車などのことである。

(13) 家内労働センターでは，社会福祉事業法に基づく第1種社会事業授産施設を運営している。この家内労働センター連合授産場では，定員60名で主に知的障害者が従事している。

(14) A. J. 氏からの聞き取り（2003年12月16日）による。

(15) T. E. 氏からの聞き取り（2003年12月20日）による。

(16) 視覚障害者は一人で家内労働に従事できないことが多いので，母親や親戚の人の補助が必要となっている。

(17) 例えば，母子家庭の母に対して，松山市と東京のNPOがIT関連の就業支援に取り組んでいる事例などがある（『朝日新聞』2003年3月16日付大阪本社版）。

(18) 2003年1月29日に，テープ起こしの仕事をあっせんするといって，多額の研修費を詐取したとして，東京都内の会社社長が逮捕される事件が起こっている。研修用に渡されたテープは音が途切れていたり，複数の人が同時に会話していたりするなど，聞き取りにくく研修に合格できないようになっていた（『朝日新聞』2003年1月29日付大阪本社版）。

(19) 児童扶養手当の5年間支給後に半額を限度に支給額を削減するという点は，病気や障害などで就労が困難な事情がないにもかかわらず，就業意欲が見られない者に限るとし，2007年12月に凍結となった。このため，2008年4月からは，5年間受給後は半額に支給額が削減されるが，就労証明書などの証明書類と適用除外事由届出書を提出すれば継続支給できるようになった。

(20) その後，2004年6月4日に経済財政諮問会議の「経済財政運営と構造改革に関する基

本方針2004」（骨太方針2004）を閣議決定し，地方への税源移譲額として，おおむね3兆円規模を目指すと明記されている。

第5章

授産事業の変遷と京都内職友の会
—— 高度成長期の福祉政策を中心に ——

1　京都を事例とする理由

　本章の目的は，京都市と京都府の授産内職事業を事例としながら，高度成長期に授産事業がどのような変遷を辿ることになったのかということと，内職友の会（内職補導事業や内職あっせん事業）の実態と歴史的経緯について明らかにすることである。本章で，京都を事例とする理由には，いくつかの点が考えられる。それは，まず第一に，実態調査報告書など利用できる資料が少なくないということをあげることができる。ただし，京都市の授産事業については資料が不足しているが，それでも京都府については多くの資料を利用することができる状態にある。第二に，内職友の会の実態と歴史的経緯について明らかにしておく必要がある。京都内職友の会については，すでに神尾京子（2007）で諸外国に向けて部分的に概要が紹介されているが，その実態や歴史的経緯については統計資料や実態調査報告書などを用いて研究されないままになっている。第三に，大阪と京都の事例を比較検討することで，より高度成長期の授産内職事業の実態と変容について明らかになると思われる。具体的には，まず京都市の授産内職事業について考察し，次に京都府の授産内職事業について検討することにしたい。その上で最後に，本章の要点について述べることにしたい。

2　京都市の授産内職事業

（1）授産事業

　京都市社会課編（1933）によると，京都市における授産事業は，第一次大戦後の物価の高騰で生活難に陥っている者に対して，1919年6月に京都市職業紹介所を開設したのに伴い裁縫などの仕事を紹介するようになったのが，その始まりである。当初は裁縫などの仕事の紹介に重点を置いていたが，次第に技術講習会を頻繁に行うようになり，1924年9月には副業ミシン裁縫講習所を開設するようになっている。当時の授産事業は，失業者に技術を習得させて就職を有利にしようという目的であったため，どちらかといえば職業補導事業に近い性格を有していた。しかしながら，不況で失業者が増加してきたため，失業者の生計を補助することで失業を救済する必要が生じてくるようになった。そこで，1926年4月に京都市中央授産場として失業者に授産場内で仕事をさせて，工賃収入で生計の補助を行うようになった。京都市中央授産場では，洋裁と和裁の仕事に従事させていたが，収容人員がそれぞれ36人と25人であったため，同年8月に新たに養正分場（収容定員5人）を開設して洋裁の仕事に従事させることになった。それでも収容定員が少なかったため，1928年4月にも三条分場（収容定員10人）を開設して洋裁の仕事に従事させるようになった。このように，失業者に授産場内で仕事をさせて生計の補助を行うようになったのには，単に金品を支給するだけでは財政的に多大な経費が必要だったということや，惰民を醸成し社会に害毒を及ぼすおそれがあると考えられたため，日本古来からの勤労精神を保ちつつ失業者を救済する方法として授産事業が重要視されるようになったからである。授産場に入所するには，「①年齢満16年以上の者，②伝染性又は嫌忌すべき疾患なき者，③志操堅実なる者」[1]であれば，男女の制限がなかったが，1931年6月からは生活困難な女性だけに限定するようになっている[2]。また，授産場で扱う仕事は，不熟練者でも機械設備を必要とせず，容易に生計補助を行えるように，「①製作品の販路広く，永続性を有する事，②

技術の簡易にして趣味あるもの，③材料費を要せざる事，④可及的機械器具を要せざる事，⑤材料運搬保管に便利なるもの，⑥非衛生的ならざるもの」としている。このため，低工賃の仕事が多くなりがちであり，出来高払いのため工賃収入は少なかったようである。

　その後の戦時期・戦後期の京都市における授産事業の実態については，資料が十分でないため定かではないが，京都市総務局統計課編（1950）によると，1950年5月末の時点で京都市が開設していた授産施設は，京都市中央授産場，九条分場，東山分場，東福寺分場の4カ所となっている。授産施設での作業実態について見てみると，授産場内の作業員は，「洋裁」が93人，「和裁」が5人，「手工」が27人の合計125人となっている。そのうち男性は6人であり，6人とも「洋裁」をしている。授産場別では，「中央」が76人，「九条」が44人，「東山」が0人，「東福寺」が5人となっている。また，場外授産も実施されており，「中央」が249人，「九条」が29人，「東山」が18人，「東福寺」が91人の合計387人となっている。そのうち男性は10人であり，3人が「中央」で残りの7人が「東山」となっている。さらに，場内授産の作業員と場外授産の従事者の合計512人のうち，大半が20歳から50歳までの女性で，「既婚」は180人，「未婚」は80人，「別居」は21人，「死別」は231人となっている。「死別」が最も多いことがわかる。授産事業の仕事をしている理由についても見ておくと，「生計維持」が297人，「家計補助」が206人，「技術習得」が9人となっている。このことから，20歳から50歳までの未亡人が生計維持を目的に授産事業の仕事に従事している場合が多かったということがわかる。

　しかしながら，その後，京都市の財政状況が悪化してきたことなどから，1964年10月に場内授産を廃止することを決定し，京都市中央授産場は廃止となっている。この背景には，高度成長により授産場内の作業員のうち生活保護の被保護者が少なくなってきたことなども大いに関係している。例えば，廃止となる直前の1964年4月1日時点では，授産場内の作業員は144人いたが，そのうち生活保護の被保護者は5人しかいない状況になっていた。[4]

（2）内職補導事業

　内職友の会とは，もともと地域授産事業団体のことであり，1953年8月に京都市中央授産場が場外授産を地域授産事業として実施したのが，その始まりである。[5] その後，1956年8月には，京都市地域授産事業助成規則を制定し，内職友の会に補助金や貸付金の支給をしている。[6] この年に，補助金を受けた内職友の会は12団体となっている。1960年4月には，地域授産事業を九条分場に移管することになったが，1963年11月に京都市中央授産場へ再び移管している。先述の通り，1964年10月には場内授産の廃止が決定され，京都市中央授産場は廃止となる。そこで，地域授産事業として実施してきた場外授産を内職補導事業と改めて，新たに京都市内職補導センターを発足している。

　京都市民生局・京都市中央授産場編（1958）によると，1957年度に京都市から補助金を受けた内職友の会は，20団体となっている。そのうち，1957年4月から12月までの延べ人数で実働会員数は，1万6129人となっている。実働会員を属性別に見てみると，「被保護者」が876人，「母子世帯」が1762人，「身体障害者」が216人，「老人」が590人，「その他」が1万1905人となっている。「その他」が圧倒的に多いことがわかる。技能別に見ると，「和裁」が2880人，「洋裁」が984人，「あみもの」が2955人，「紙工」が1898人，「その他」が7164人となっている。「和裁」や「あみもの」など技術を必要とする仕事が多いが，一方で「紙工」や「その他」など簡易な作業も多いことがわかる。ここで，京都市民生局・京都市中央授産場編（1958）が，1957年12月に内職友の会の会員2600人を対象に調査票を配付して実施した調査（回収数732人）を参照して見ると，会員の世帯主の職業では，「会社員」が24％，「公務員」が12.6％となっている。性別や年齢では，「女性」が99％であり，「25歳〜44歳」が55％となっている。世帯主との続柄では，「世帯主本人」が10％，「世帯主の妻」が70％となっている。25歳〜44歳で世帯主が勤め人の既婚女性が多かったということがわかる。

　また，表5-1は，京都市の内職補導事業の推移について表している。まず内職友の会の設立数について見てみると，1965年度に22団体であったが，1975

表5-1　京都市の内職補導事業

(人)

	内職友の会数	実働会員数	実働会員数の内訳										
			属性別					技能別					
			被保護者	母子家庭	身体障害者	老人	その他	和裁	ミシン	毛糸編物	手芸	のり付け	その他
1965年度	22	16,491	118	682	158	1,475	14,058	4,391	2,231	1,227	4,304	797	3,541
1966年度	–	–	–	–	–	–	–	–	–	–	–	–	–
1967年度	22	13,794	70	398	143	1,714	11,469	4,982	1,368	198	4,377	293	2,576
1968年度	22	12,962	82	293	119	1,931	10,537	5,135	1,444	104	3,283	236	2,760
1969年度	20	11,842	81	158	85	2,090	9,428	4,971	1,484	54	2,342	237	2,754
1970年度	20	11,405	60	177	65	2,018	9,085	5,022	1,403	1,967		353	2,660
1971年度	20	11,120	40	235	51	2,054	8,740	4,893	1,287	2,118		417	2,405
1972年度	19	10,902	45	194	47	2,054	8,562	4,915	1,042	2,342		388	2,215
1973年度	19	11,007	39	224	78	2,123	8,543	4,786	1,054	2,440		550	2,177
1974年度	19	10,743	31	220	82	1,963	8,447	4,769	1,155	1,954		901	1,964
1975年度	18	9,731	47	147	44	1,805	7,688	4,531	1,017	2,035		658	1,490

注1：人数は年間の延べ人数である。
　　2：1966年度については，不明。
出所：京都市内職補導センター編（1966〜1976）より筆者作成。

年度には18団体へと減少している。実働会員数を見てみると，同じく1965年度に１万6491人いたが，1975年度には9731人へと減少している。内職補導事業の実績は減少傾向にあったことがわかる。おそらく，内職友の会では会費や手数料が取られるため，技術を覚えると退会して個人で仕事をする場合が多かったためではないかと思われる。次に，内職友の会で仕事をしていた人たちはどのような人たちであったのかについて属性別に見てみると，大半が一般低額所得者などの「その他」であることがわかる。全体的に減少しているが，「老人」だけが少し増加している。「被保護者」や「母子家庭」や「身体障害者」はあまりいないことがわかる。また，実働会員を技能別に見てみると，「和裁」が最も多いことがわかる。表５-２で，内職作業種目の工賃単価を見てみると，「和裁」では「打かけ」や「掛下」が単価で4500円から7000円もするのに対して，「のり付・その他」では１円未満の単価のものがある。「和裁」の単価が高かったのに対して，「のり付・その他」は単価が非常に安かったということがわかる。「ミシン・手芸」では単価が10円以上100円未満のものが多いが，中に

表5-2　内職作業種目・工賃単価

(円)

和　裁		ミシン・手芸		のり付・その他	
品　名	単　価	品　名	単　価	品　名	単　価
打かけ	4,500~7,000	縫ぐるみ	70~80	スイッチ	0.25~1.25
掛下	4,500~7,000	前帯	14~25	ラベル紐付	0.70~1
留袖	3,000~5,000	名古屋帯	150	ナフタリン箱詰	150
中振	2,200~6,000	新装帯文化帯	90~75	式章	29~30
訪問着	2,200~4,300	青苗袋	0.65	お守	1.20~8
喪服	2,200~3,500	念珠袋	30	箱	0.25
紹〃	1,600	人形ふとん	34	帯〆	45
袷きもの	2,000~3,000	掛ふとん	40	封筒中味入	1~4
絞り〃	7,000	ウワッパリ	250	免許証入	3
袷アンサンブル	700~5,800	袋縫	10~60	ワンピーススリップまとめ	9~60
はおり	1,600~3,500	ワッペン	4.30~5	五色垂	(5組) 350
袷コート	2,500~3,500	お守袋	4~5.50	パラソル糸抜	15~100
雨〃	2,300	カシミヤショール	2,500~3,500	レース補修	2
袷じばん	600~2,300	ベルベット〃	900~2,300	レース抜	0.30~0.35
単〃	150~2,000	カーデーガンふち編	50~170	のれん	40
帯〃	100~450	カーデガン衿付	90	傘リボン通し	90~180
はんてん	300~400	モチーフ茶羽織	8,700~11,700	伊達〆	4.50~5.50
産着	2,500	〃コート	3,500	筆耕	1.50
四ツ身 (袷)	400~1,500	パラソルリボンクロス	90~180	裏地文庫付	8~15
仮縫	100~230	スモックかがり	75	じばんたたみ	5~45
エバ	100~250	ジヤケット地 (機械編)	800~1,000	レース糸抜 (1反)	1,200~6,000
じばんまとめ	50~90	カデー (機械編)　仕上げなし	260~350	ハガキ広告折	0.40~0.50
ゆかた	150	人形	2~85	ビーズ王通し	10

出所：京都市内職補導センター編『事業概要 昭和46年度』1972年，10頁。

は「カシミヤショール」や「モチーフ茶羽織」のように単価が数千円するもの
も含まれている。内職友の会では技術を身に付けさせるために技術講習会を開
催していたが，表5-3で技術講習会の開催数について見てみると，1965年度
に268回だったのが，1975年度には947回へと開催数が急増している。参加人数
についても1965年度には3413人であったが，1975年度には7048人となっている。
そのうち大多数が「和裁」となっており，内職友の会では「労働力の安売りは
しない」という考えが強く，特に「和裁」の技術指導を重点的に行っていたこ
とがわかる。

表5-3　技術講習会の開催数

	和　裁		手　芸		毛糸機械編		その他		合　計	
	回数	参加人数	回数	参加人数	回数	参加人数	回数	参加人数	回数	参加人数
1965年度	123	1,040	117	2,123	28	250	－	－	268	3,413
1966年度	113	933	138	2,044	－	－	14	61	265	5,038
1967年度	279	3,087	150	1,423	2	33	－	－	431	4,543
1968年度	415	4,284	233	1,298	－	－	54	204	702	5,786
1969年度	450	4,584	280	1,027	－	－	－	－	730	5,611
1970年度	529	5,154	286	724	－	－	－	－	815	5,878
1971年度	548	4,748	263	494	－	－	15	15	826	5,257
1972年度	576	7,046	282	685	－	－	15	23	873	7,754
1973年度	695	6,596	262	732	－	－	－	－	957	7,328
1974年度	679	7,161	215	410	－	－	－	－	894	7,571
1975年度	702	6,134	245	914	－	－	－	－	947	7,048

注1：人数は年間の延べ人数である。
　2：回数は年間の延べ回数である。
　3：その他は，ミシン，紙工などである。
出所：京都市内職補導センター編（1966～1976）より筆者作成。

3　京都府の授産内職事業

（1）歴史的経緯

　終戦直後の日本は，戦災で生活に困窮している者や外地からの引揚者などにより，失業が深刻な問題となっていた。さらには，経済安定九原則やドッジ・ラインなどの経済復興に向けての政策が実施されたため，中小企業の倒産が相次ぎ失業者が急増することになった。そこで，京都府民生労働部は生活困窮者に家庭でできる製造加工の賃仕事をあっせんするため，1949年12月に京都府家庭内職斡旋所を，6カ所設置している。[7] 1956年4月には，家庭内職斡旋所を直営方式からグループ（民間委託）方式へと転換し，内職友の会の育成指導を実施するようになっている。[8]

　一方，生活困窮者に対して授産施設での生業の指導を実施するため，京都府民生労働部は恩賜財団京都府同胞援護会の施設を買い取って，1950年に京都府授産場を設置している。この施設は，「身体上若しくは精神上の理由又は世帯

表 5-4 授産事業

(人)

	被保護者					その他					合 計
	母子世帯	身体障害者	老人	その他	計	母子世帯	身体障害者	老人	その他	計	
1959年度	6	0	1	4	11	7	2	3	22	34	45
1960年度	1	0	1	1	3	8	2	3	42	55	58
1961年度	1	0	1	0	2	6	2	3	36	47	49
1962年度	1	0	0	0	1	7	3	3	27	40	41
1963年度	1	0	0	0	1	7	0	2	20	29	30
1964年度	1	0	0	0	1	4	0	2	14	20	21
1965年度	1	0	0	0	1	4	0	2	13	19	20
1966年度	1	0	0	0	1	3	0	0	8	11	12
1967年度	0	0	0	0	0	2	0	0	7	9	9

注1：人数は各年度の3月31日現在。
　2：1969年3月に，授産事業は廃止となっている。
出所：京都府立授産内職補導所編『事業報告書』各年度版より筆者作成。

の事情により就業能力の限られている要保護者に対して，就労又は技能の修得のために必要な機会及び便宜を与えて，その自立を助長することを目的」[9]に設置された生活保護授産施設であり，主に動力ミシンによる縫製作業などを行っていた。京都府授産場では作業員の定員は50名で，作業時間は午前9時から午後4時45分（土曜日は正午）までとなっていた。また，工賃の支払い方法は，各自の作業に応じて出来高払いであり，毎月7日と22日の2回払いとなっていた。このように京都府では，内職あっせん事業と授産事業の両方が別々の施設で実施されていたが，1956年7月に京都府授産場と京都府家庭内職斡旋所を統合して，京都府授産内職補導所を設置している[10]。その後，1969年には生活保護授産施設を廃止し，京都府内職指導所となっている。

　ここで，授産施設の作業員数がどれくらいいたのかについて，表5-4を見てみよう。表5-4によると，1959年度の作業員数は45人であったが，1960年度の58人をピークに年々減少しており，1967年度には9人となっている。そのうち，「被保護者」は1959年度に11人であったが，1962年度以降は1人だけとなっている。中には，「母子世帯」や「身体障害者」や「老人」が数人いたが，大半は一般低額所得者などの「その他」となっている。このように生活保護授

産施設を廃止するようになった背景には，高度成長期の労働力不足によって雇用労働に就職する機会が増えたため授産施設の作業員が減少してきたこと，とりわけ「被保護者」がいなくなってしまったということがある。また，それ以外にも，「地方自治法の改正で京都市内の住民を対象に設置する根拠が薄弱になり，また郡部のものを市内の授産所へ収容することはかえって通勤費の負担の方が多いということ」[11]や，行政の仕事として授産事業の実績を上げようとすればするほど，工賃が低い仕事ばかりを受注しなければならないという問題点があったということが考えられる。このようなことから，授産施設の作業員や発注元の企業を近隣の内職友の会へ紹介することで，授産事業は廃止され，内職あっせん事業に吸収されるようになったのである。

（2）内職あっせん事業

　それでは，内職あっせん事業はどうであったのだろうか。先述のように京都府では，1956年より内職友の会へ補助金を交付するという方法で，内職あっせん事業を実施している。京都府から委託された内職友の会は，非営利で会員に対して家庭でできる製造加工の賃仕事をあっせんしたり，技術の指導などを実施している。したがって，内職友の会がある地域に居住する者で，家庭でできる製造加工の賃仕事を希望するものは誰でも会員になることができる。入会を承認された者は，「あっせん手帳（おたのしみ手帳）」を交付され登録会員となる。ただし，1年間，全く利用しなかった場合は退会したと見なされるようになっている。内職友の会の認定基準は，「①全会員によって構成される総会において定めた規約により運営されていること，②要保護者，母子世帯の母，身体障害者，老人，その他一般低額所得者に対して優先的に内職をあっ旋していること，③常時50人以上の会員に対し，内職をあっ旋していること，④当該団体の運営費が，主として会員から徴収する内職あっ旋手数料によっていること，⑤前項の内職あっ旋手数料の額は，内職工賃の100分の15以内であること」[12]となっている。ここでいう総会とは，会員の過半数以上の出席により毎年1回は開催されており，役員は1年ごとに総会で選出されることになっている。また，

表5-5　京都府の内職あっせん事業　　　　　　　　　　　　　　　　　（人）

	内職友の会数		実働会員数	実働会員数の内訳											
				属性別					技能別					
	京都市内	その他		被保護者	母子家庭	身体障害者	老人	その他	和裁	ミシン	毛糸編物	手芸	のり付け	その他
1959年度	15	9	5,353	238	467	47	415	4,186	1,260	803	488	936	491	1,375
1960年度	14	11	5,639	245	445	58	368	4,523	1,763	864	521	577	739	1,175
1961年度	15	13	5,939	126	498	94	541	4,680	2,078	905	262	1,282	547	865
1962年度	15	11	4,138	75	243	44	316	3,460	1,411	469	274	831	290	864
1963年度	20	16	30,255	705	1,537	308	2,943	24,762	8,788	2,156	1,860	10,769	1,640	5,042
1964年度	21	17	26,996	517	1,139	298	2,849	22,193	7,629	1,661	2,091	8,987	1,010	5,618
1965年度	21	17	28,819	438	1,004	278	3,445	23,654	7,412	1,735	3,185	10,093	935	5,459
1966年度	21	17	33,234	374	1,038	325	4,634	26,863	8,099	1,499	6,239	12,101	819	4,477
1967年度	23	18	29,580	352	893	378	4,979	22,978	8,020	1,329	4,508	11,491	666	3,566
1968年度	23	18	26,509	322	732	340	4,699	20,416	8,221	1,206	2,235	10,878	555	3,414
1969年度	9	15	25,829	206	660	378	4,919	19,666	8,480	1,291	2,100	9,355	762	3,841
1970年度	9	15	–	–	–	–	–	–	–	–	–	–	–	–
1971年度	9	15	–	–	–	–	–	–	–	–	–	–	–	–
1972年度	9	14	25,608	–	–	–	–	–	–	–	–	–	–	–
1973年度	9	13	24,874	166	594	325	6,532	17,259	9,155	893	489	7,794	1,212	5,331
1974年度	9	13	24,387	158	463	324	6,498	16,944	9,346	1,355	331	6,752	1,446	5,157
1975年度	9	13	24,469	265	461	292	7,386	16,065	9,511	1,424	670	6,527	800	5,537

注：人数は年間の延べ人数である。ただし，1959年度～1962年度までの人数は，年間の延べ人数かどうかは不明。

出所：京都府立授産内職補導所編（1960～1968），京都府内職指導所編（1969，1970・1974，1978a）より筆者作成。

　内職友の会は，会員からの会費（月額50円）と手数料（15％以内）と府からの補助金で運営されている。補助金についても郡部では原材料や製品の集配に自動車が必要なため，1960年度より自動車の購入に補助を与えるようになっている。[13]
さらに，1970年度からは，各内職友の会の拠点づくりとして内職センターを建設するため，建設費用も補助するようになっている。[14]

　表5-5は，京都府の内職あっせん事業の推移について表している。まず，内職友の会の設立数について見てみると，1959年度に「京都市内」で15団体・「その他」で9団体であったが，1967年度には「京都市内」で23団体・「その他」で18団体と増加している。しかしながら，1969年度以降は減少し続けたため，1975年度に「京都市内」で9団体・「その他」で13団体となっている。も

ともと1959年度の時は，「京都市内」の方が多かったが，1969年度以降は「その他」の方が多くなっている。これは，高度成長期の半ば頃から「京都市内」ではパートタイム労働の求人が増えたため，内職友の会の仕事をするよりもパートタイム労働者として働く人が増えたからであると思われる。逆に郡部ではパートタイム労働の求人が少なかったことや，京都府北部では冬は雪で外出が困難になりがちなため，家庭でできる製造加工の賃仕事の方が好まれたということが考えられる。特に郡部では11月から３月までの農閑期に家庭でできる製造加工の賃仕事を希望する人が多くなる傾向があったようである。次に，実働会員数について見てみると，会員数については人数の入れかわりが激しいため正確な実数はわからないが，年間の延べ人数で３万人近くの人が内職友の会で仕事をしていたということがわかる。表５−５によると，1966年度をピークに年々減少しているが，これもパートタイム労働者として働く人が増えたことや，会費や手数料の問題が関係していると思われる。また，内職友の会で仕事をしていた人たちはどのような人たちであったのかについて属性別に見てみると，大半が一般低額所得者などの「その他」であることがわかる。次に多いのが「老人」であるが，「被保護者」や「母子家庭」や「身体障害者」はあまりいないことがわかる。さらに，実働会員数を技能別に見てみると，「手芸」や「和裁」が多く「ミシン」や「のり付け」が少ないことがわかる。例えば，会員数が一番多かった綾部内職友の会では，最初は昆布巻きや御守の「のり付け」から始まり，次第に振り袖や訪問着の和裁ができるように技術の指導を行っていた。京都府では繊維関係の仕事が多く，西陣織や京友禅や丹後ちりめんなどが有名であるが，神社や仏閣も多いため袈裟や袱紗や御守などの仕事も多かったようである。表５−６で，１人あたりの月額の工賃収入についても見てみると，「和裁」が一番高いことがわかる。内職友の会の中でも亀岡内職友の会では最も工賃収入が高かったが，これは「和裁」の仕事が多かったためである。また，工賃は京都市内の方が高く，郡部では運搬費用が差し引かれるため工賃が少し低い傾向があったようである。

　ここで，内職友の会で仕事をしている会員の実態について詳細に調査したも

表5-6　1人あたりの内職工賃収入（月額）
（円）

	和　裁	ミシン	毛糸編物	手　芸	のり付け	その他
1963年度	4,385	3,355	1,896	1,830	2,281	2,753
1964年度	5,236	4,788	2,549	1,830	1,916	2,541
1965年度	5,794	5,298	2,655	2,752	2,087	2,645
1966年度	6,538	5,843	3,049	2,803	1,925	3,176
1967年度	7,542	5,743	3,083	3,252	3,285	3,532
1968年度	9,061	7,400	3,690	3,306	4,197	4,259
1969年度	10,648	8,322	5,214	3,355	3,357	5,102
1970年度	–	–	–	–	–	–
1971年度	–	–	–	–	–	–
1972年度	–	–	–	–	–	–
1973年度	20,045	23,766	7,938	5,275	7,568	7,245
1974年度	23,830	19,208	7,901	5,317	10,220	6,900
1975年度	23,099	20,935	5,139	6,538	14,225	7,872

出所：京都府立授産内職補導所編（1960～1968），京都府内職指導所編（1969，1970・1974，1978a）より筆者作成。

のとして，京都府立授産内職補導所編（1968）を参照して見ることにしよう。これは，1968年11月に内職友の会の会員1777人を対象に調査票を配付して実施した調査であり，回収数は1199人となっている。この「1968年調査」では，京都市以外の内職友の会の会員について調査しており，京都市内の内職友の会については調査していない。そのため，会員の世帯主の職業について見てみると，「会社員」が28.4％，「公務員」が24.4％であるのに対し，「農業」が28.0％となっている。京都市内を除外しているため，「農業」が多いということがわかる。性別や年齢では，「女性」が99.8％であり，「26歳～45歳」が50.8％となっている。世帯主との続柄では，「世帯主本人」が6.0％しかいないのに対して，「世帯主の妻」が76.8％となっている。また，内職友の会で仕事をしている理由として，「生計費を補うため」が33.6％，「自分のこづかい」が24.7％，「外に働きに行けないから」が15.1％となっている。これに，「教育費」の7.4％と「子供のおやつ代」の6.7％を考慮すると，家計補充が目的であったことがわかる。次に，1日の就労時間と1カ月あたりの就労日数について見てみると，1日の就労時間では5時間，1カ月あたりの就労日数では「15日～20日」が最も多くなっている。このように，25歳～45歳の既婚女性が家計補充を目的に家庭

内でできる賃仕事をしていたという点で，内職友の会の仕事をしている会員は，高度成長期の一般的な家内労働者像とあまり変わりがないということができる。ただし，内職友の会の仕事に対する不満として，「工賃が安い」や「仕事が途切れやすい」といった意見が多く，高度成長期を通じて内職友の会の会員数は減少することになった。

4　京都と大阪の比較

　内職友の会のように家庭でできる製造加工の賃仕事をしている人たちが，地域ごとにグループ化するようになった背景には，1950年頃からの世帯更生運動がその始まりであるが，個々人が事業所へ製品の受け渡しに行っていたら工賃収入よりも運搬費用の方が高くなるため，地域ごとにグループのリーダーが製品の受け渡しに行くことになったということもあげることができる[18]。また，この他にもグループ化するメリットをいくつかあげることができるであろう。それは，①個人ではできない仕事が受注できるようになり，仕事を安定的に確保することができること[19]。②発注側の企業から，安い単価で買い叩かれる心配が少なくなること。③急な用事で納期やノルマが守れなくても，仲間同士で助け合えること。④お互いに情報交換したり，講習会を開催することで，スキルアップすることができるようになることなどがある[20]。

　本章で明らかになったことは，以下の四点である。

　第一に，終戦直後の京都市における授産事業の従事者には，未亡人が多かったということが明らかになった。しかも，家計補充を目的とするのではなく，生計維持を目的に従事している場合が多かったということが明らかになった。この頃はまだパートタイム労働というような働き方は普及していなかったため，未亡人が生計を維持するためには授産事業のような働き方しかなかったのではないかと思われる。

　第二に，京都市も京都府も高度成長期に授産事業を廃止しているということである。第3章では，全国的な推移として授産事業は高度成長期に心身障害者

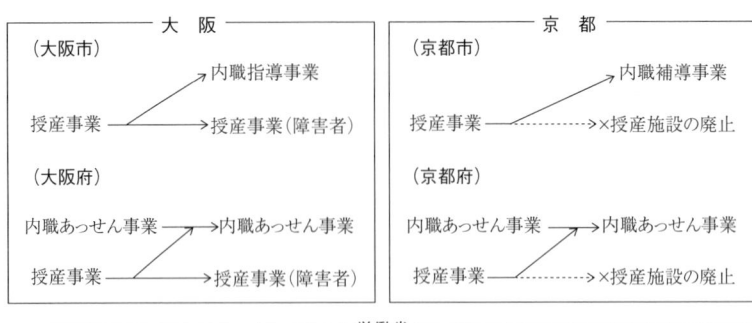

図5-1　授産内職事業の変遷図

大　阪				京　都	
（大阪市）				（京都市）	
	→内職指導事業				→内職補導事業
授産事業 ——→授産事業（障害者）				授産事業 ·····-->×授産施設の廃止	
（大阪府）				（京都府）	
内職あっせん事業 ——→内職あっせん事業				内職あっせん事業 ——→内職あっせん事業	
授産事業 ——→授産事業（障害者）				授産事業 -->×授産施設の廃止	

労働省
（職業安定行政）
内職補導事業—→婦人就業援助事業—→婦人就業援助促進事業—→女性就業援助促進事業

注：内職あっせん事業は労働行政，授産事業は民生行政として実施された。
出所：筆者作成。

　のための就労対策になったことが明らかになっている。しかしながら，京都市と京都府では授産事業の作業員に生活保護の被保護者がいなくなったことや，財政難などの理由から廃止になったことが明らかになった（図5-1を参照）。

　第三に，授産事業として施設内で行われる仕事は技術を必要としない簡単な作業が多かったのに対して，内職友の会では「和裁」などの高度な技術を必要とする仕事が多かったということが明らかになった。この点について，第3章では，大阪市を事例に授産事業として施設内で行われる仕事と内職指導事業として内職会で行われる仕事には，「ミシン縫製」の他に「包装・袋貼り」といった簡易作業もあり，作業種目では両者に類似性が見られたことが明らかになっている。しかしながら，京都市と京都府の事例を見てみると，内職友の会では技術講習会を頻繁に開催することで，「和裁」などの高度な技術を必要とする仕事が多かったということが明らかになった。

　第四に，内職友の会で仕事をしていた人には，被保護者や母子家庭や身体障害者は少なく，世帯主が勤め人の既婚女性が多かったということが明らかになった。この点で，内職友の会の会員が家庭でできる製造加工の賃仕事をして

いる場合と，家庭の主婦が家計補充を目的に家内労働に従事している場合とあまり違いはなかったということが明らかになった。ただし，京都市以外の郡部では農業をしている場合が多く，農閑期にできる仕事として内職友の会の仕事を希望する人が多かったようである。

注

(1)　京都市社会課編（1933）4頁。

(2)　作業員は20歳前後の未婚者が多かった。また，当時は授産場内での収容授産しかなく，授産場外での自宅授産はなかった。

(3)　京都市社会課編（1933）6頁。

(4)　西村嘉通他（1968）32頁。

(5)　京都では，1950年頃から低所得者の防貧対策として，家庭でできる賃仕事などの世帯更生運動が取り組まれるようになっていたが，1952年8月には，第7回全国民生・児童委員大会で「世帯更生運動実践申合決議」が採択されている。

(6)　1955年7月には，数カ所の内職友の会が集まって，京都内職連合会を結成している。

(7)　京都市内に5カ所（五条・西陣・上京・東山・花園），舞鶴市に1カ所となっている。

(8)　農協婦人部や未亡人会や婦人会などが中心となって内職友の会を結成している。

(9)　生活保護法規研究会編（2002）54頁。

(10)　1964年に，京都府立授産内職補導所と改称している。

(11)　西村嘉通他（1968）32頁。

(12)　京都府立授産内職補導所編（1967）1頁。

(13)　郡部では運搬に時間がかかるため，納期の早い仕事に対応できないという問題点があった。

(14)　1971年度からは内職者対策事業補助金交付要綱により，府が内職友の会へ直接交付していた補助金を市町村へ交付し，市町村の補助金を上乗せして，内職友の会へ交付するようになっている。

(15)　秋田久（2006）を参照。

(16)　無署名（1968）を参照。

(17)　京都府内職指導所編（1971）4頁を参照。

(18)　京都府では，1967年に蜷川革新府政の援助により京都内職友の会連合会を結成している。

(19)　規模の大きい内職友の会では50〜60社，小さい所では5〜6社の業者と取引している。

(20)　社会情勢の勉強会を開催している場合もあったようである。

第6章

安定成長期の内職・家内労働とパートタイム労働
——女性労働者を中心として——

1 安定成長期とは

　本章の目的は，福祉元年からプラザ合意やバブル崩壊を経て，非自民連立内閣の成立までの間の，1973年から1993年までの約20年間を安定成長期として，この時期の内職・家内労働がどのようなものであったのかを明らかにすることにある。その際，安定成長期を二つに時期区分して考えることにする。なぜなら，安定成長期は，二度のオイルショックに対して日本企業が減量経営で乗り切ろうとする時期と，プラザ合意による円高と低金利で乱脈経営に陥る時期の二つを含んでいるからである。そこで，1973年から1985年までを構造転換期とし，1985年から1993年までをバブル期と考えることにしたい。

　この時期の内職・家内労働についての研究は，多くはないが一定量の先行研究が存在している。まず，長野県下の農村地域を事例としたものとして，青野寿彦（1980, 1983），大須眞治・唐鎌直義（1987）をあげることができるであろう。青野は長野県伊那地方の電子部品工業と機械金属工業を事例として，それらの下請企業がいかに内職・家内労働を利用しているかについて，企業側と家内労働者側の双方から明らかにしている。一方，大須・唐鎌は，長野県小県郡青木村を事例として，農家が副業として従事する家内労働の実態について明らかにしている。大須・唐鎌によると，高度成長期までの農家の副業といえば織物など繊維関係の家内労働が多かったが，高度成長期以降は，コイル巻きやハンダ付けなど電気機械器具の家内労働が多くなり，賃金労働者的な性格が強く

なったと事例研究を通じて明らかにしている。大須・唐鎌は，事例研究以外にも統計資料を用いて，1973年から1986年までの内職・家内労働の動向についても分析を行っている。[(1)]

そこで本章では，1973年から1993年までの内職・家内労働とパートタイム労働の動向について女性労働者を中心としながら分析を行うとともに，内職・家内労働やパートタイム労働に関する婦人労働対策と1980年代後半のバブル期から徐々に増えつつある在宅ワークについても視野に含めて分析を行うことにする。具体的には，まず家内労働者数と委託者数について労働省の「家内労働概況調査」をもとに考察する。次に，女子家内労働者と女子パートタイム労働者との比較や在宅ワークについて考察する。その上で最後に，本章の要約と含意について述べることにする。

2　家内労働者と委託者の概況

（1）家内労働者の概況

図6-1は，1973年から1993年までの家内労働者数と，その男女別および類型別の人数について表している。図6-1では1973年以前については省略しているが，1958年に約70万人いた家内労働者数が1973年には約184万人へと増加している。このことを念頭に置いて図6-1を見ると，1974年には約165万人へと減少し，1986年には約108万人，1993年には約71万人へと急減している。つまり，家内労働者数の全国的な推移では，1973年のオイルショックを境に年々減少の一途を辿っていることがわかるであろう。

次に，図6-1を類型別で見てみると，家庭の主婦が家計補充として従事する「内職的家内労働」が全体の9割を占めていることがわかる。また，全体的な家内労働者数の減少とともに，「内職的家内労働」でも減少していることがわかる。特に，この約20年間の産業構造の変化もあって，世帯主が本業として従事する「専業的家内労働」や農村や漁村に多く見られる「副業的家内労働」の減少が著しくなっている。さらに，男女別では，女子家内労働者が圧倒的に

図6-1　家内労働者数の推移

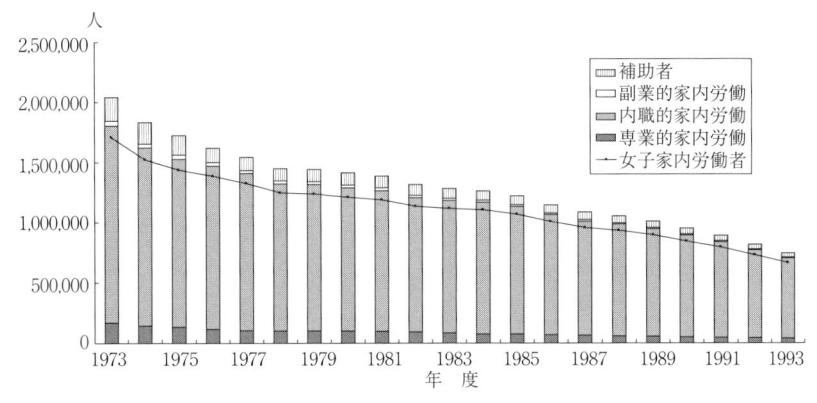

出所：労働省「家内労働概況調査」各年度版。

多く，全体の92～93％を占めていることがわかる。また，年齢構成では家内労働者の高齢化が進行しており，1974年に43.4歳（男性47.7歳・女性42.8歳）であったのが，1985年に45.4歳（男性53.0歳・女性44.9歳）となり，1993年に50.1歳（男性59.2歳・女性49.5歳）と少しずつ高齢化している。特に男性の方が年齢が高い傾向にある。

　図6-2は，家内労働者数の業種別・地域別の分布について表している。図6-2では，東京都と大阪府の場合しか表していないが，都道府県別では東京都が最も家内労働者数が多く，次に大阪府が多くなっている。しかしながら，1973年以降，東京都では家内労働者数が減少したため，1990年以降は大阪府が最も家内労働者数が多くなっている。この背景には，東京都が製造業中心から情報サービス業へ産業構造の転換が進んだのに対して，大阪府では産業構造の転換が進まず製造業中心であったことがあげられるであろう。また，東京都・大阪府・愛知県・神奈川県の都市部に占める家内労働者数の割合は，1975年に41.0％であったのが，1984年には38.1％，1993年には28.7％と減少している。これは，都市部よりも地方の農村地域の方が安価な労働力が存在したため，道路など交通網の整備によって企業が地方へ立地するようになり，都市部だけでなく地方へも家内労働が分布するようになったことを示している。愛知県や岐

図6-2　家内労働者の業種別・地域別分布

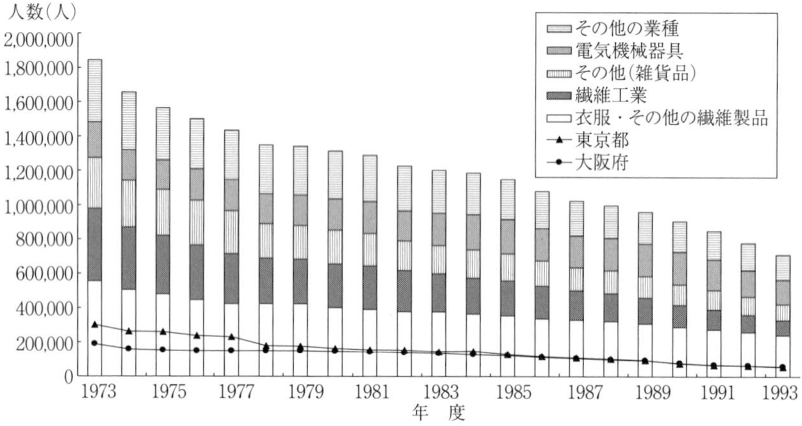

出所：労働省「家内労働概況調査」各年度版。

阜県では自動車のプレス加工など「金属製品」の家内労働が多く，東京都や神奈川県では洋傘や造花などの「その他（雑貨品）」の家内労働が多いという特色がある。

さらに，図6-2を業種別に見ると，衣服の縫製などの「衣服・その他の繊維製品」と，織物・メリヤス編立などの「繊維工業」，さらに「その他（雑貨品）」および，コイル巻き・ハンダ付けなどの「電気機械器具」の4業種が，全体の7割以上を占めていることがわかる。図6-2から全体的に家内労働者数が減少していることは明らかであるが，特に構造不況業種の「繊維工業」と「衣服・その他の繊維製品」の家内労働者数の減少が著しい。また，竹細工などの「木材・木製品及び家具装備品」と，陶磁器などの「窯業・土石製品」および，靴・鞄などの「皮革製品」の家内労働者数も減少している。唯一，この約20年間で横ばいを保っているのが，「電気機械器具」の家内労働者数だけとなっている。

（2）委託者の概況

図6-3は，委託者数の業種別・地域別の分布について表している。ここで

図6-3　委託者の業種別・地域別分布

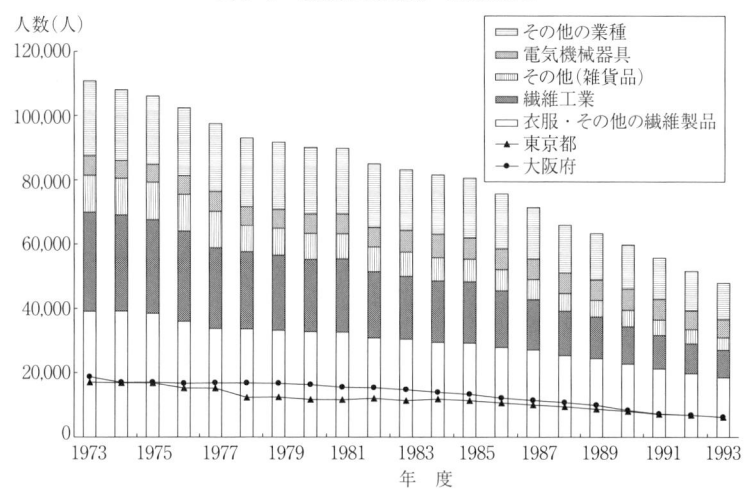

人数(人)

凡例：
- その他の業種
- 電気機械器具
- その他(雑貨品)
- 繊維工業
- 衣服・その他の繊維製品
- ▲ 東京都
- ● 大阪府

出所：労働省「家内労働概況調査」各年度版。

いう委託者とは，家内労働法の第2条第3項によると，家内労働者に直接仕事を委託している製造加工業者などのことである。図6-3によると，1973年に約11万人いた委託者数が，1986年には約7万5000人，1993年には約4万7000人へと減少している。都道府県別では，1974年まで東京都が最も委託者数が多かったが，1975年以降は大阪府が最も委託者数が多くなっている。また，東京都・大阪府・愛知県・神奈川県の都市部に占める委託者数の割合は，1975年に38.7%であったのが，1984年には39.4%，1993年には35.2%となっている。神奈川県で委託者数はあまり多くはなく，大阪府・東京都・愛知県の次に岐阜県で委託者数が多くなっている。

　さらに，図6-3を業種別に見ると，「衣服・その他の繊維製品」と「繊維工業」と「その他（雑貨品）」および「電気機械器具」の4業種が，全体の7割以上を占めていることがわかる。特に，高度成長期に「衣服・その他の繊維製品」や「繊維工業」で委託者数が多かったが，オイルショック以降は繊維関連の委託者数が大きく減少している。反対に増加の傾向にあるのが，「電気機械器具」の委託者数である。

家内労働の量的な側面だけでなく，質的な側面でもオイルショック以降の約20年間で変化が生じている。例えば，「衣服・その他の繊維製品」や「繊維工業」など繊維関係の家内労働であれば，ある程度の技能が必要であったが，「電気機械器具」の家内労働では技能を全く必要としないことが多くなっている。特に，「紳士既製服の縫製を内職にしている家内労働者は，雇用労働者としての経験もあり，結婚や出産による退職などの後，直接メーカーから縫製作業を内職として委託されるケースが多かった[2]」ため，誰でもできるというわけではなかったが，「電気機械器具」の家内労働では，家内労働者自身も自分が組み立てている部品が，「どのような完成品のどのような部分に当たるかについて全く知らず，知らされてもいず，知る必要もない状態[3]」になってきているのである。

また，家内労働は，ある程度技能の必要な仕事から単純作業の仕事まで多岐にわたっている。そのため，技能が必要でない単純作業の家内労働は，安価な労働力の多い地方の農村や漁村に出されたり，円高により韓国や台湾へ輸出されるようになってきている。ところが一方で，和裁やミシン仕事など，ある程度技能が必要な家内労働は，都市部の団地や委託者の近隣地域に残っているのである[4]。これは，画一化された製品を大量生産するだけでなく，消費者の嗜好に合わせて多品種少量生産するために，製品ごとの細かい指導や検査が必要だからである。

このように，オイルショック以降の約20年間で，家内労働者数と委託者数は減少していることがわかった。類型別では，家庭の主婦が家計補充として従事する「内職的家内労働」が全体の9割を占めており，男女別では女子家内労働者が圧倒的に多いことがわかった。また，年齢構成では，若年層は家内労働に従事しない傾向があり，家内労働者の高齢化は進行している。都道府県別では，家内労働者や委託者の都市部集中が弱まり，地方へ分散する傾向にある。家内労働者数と委託者数の両方とも大阪府では最も多かった。業種別では，構造不況業種の「衣服・その他の繊維製品」と「繊維工業」で家内労働者数と委託者数が大幅に減少しており，唯一，「電気機械器具」だけが家内労働者数も委託

者数も減少していないことがわかった。

3 パートタイム労働との比較

（1）労働条件

　一方，オイルショック以降の約20年間で，家内労働者数と委託者数が減少しているのとは対照的に，パートタイム労働者数は増加の傾向を示すことになる。そこで，ここでは，家内労働とパートタイム労働の就業選択について女性労働者を中心としながら見ていくことにしたい。

　一口に，パートタイム労働者といっても，その定義は様々であり，1週間の所定労働時間が通常の労働者よりも短い場合や，所定労働時間に関係なくパートタイム労働者と企業から呼称されている場合などがある。1993年6月に制定された「パートタイム労働法」では，「1週間の所定労働時間が同一の事業所に雇用される通常の労働者の1週間の所定労働時間と比べて短い労働者」と定義されている。しかしながら，この定義に基づいてパートタイム労働者数を調査した政府統計は存在していない。そこで，総務庁統計局の「労働力調査」と「労働力調査特別調査」を用いて，女子パートタイム労働者数の推移について見てみることにする。また，女子パートタイム労働者の労働条件等については，労働省の「賃金構造基本統計調査」を用いることにする。

　まず，図6-4は，女子パートタイム労働者数の推移について表している。図6-4の「女子短時間雇用者数（非農林業）」とは，「労働力調査」の非農林業女子雇用者数のうち週35時間未満の就業者数のことである。図6-4では1973年以前は省略しているが，「女子短時間雇用者数（非農林業）」は，1967年に114万人いたのが，1972年には146万人へと増加している。このことを念頭において図6-4を見ると，1973年に170万人であったのが，1983年には306万人となり，1993年には623万人へと大幅に増加していることがわかる。また，図6-4の「呼称パート（女子）」とは，「労働力調査特別調査」で勤め先からパートタイム労働者と呼ばれている者のことである。図6-4によると，「呼称パート

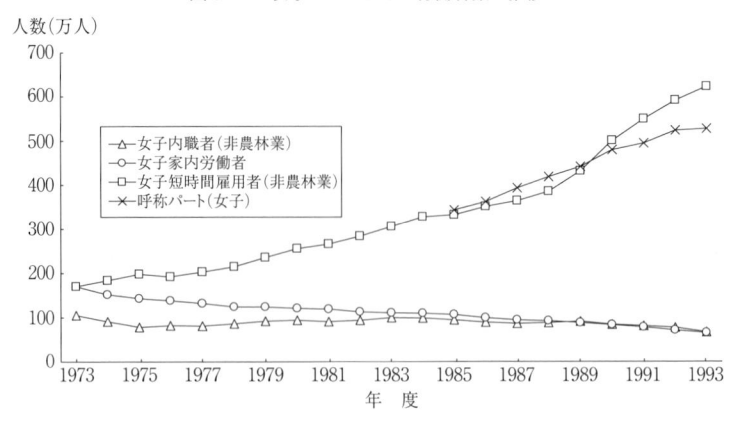

図6-4　女子パートタイム労働者数の推移

注1：短時間雇用者とは，雇用労働者のうち，週35時間未満の短時間就業者のこと。
　2：呼称パートとは，労働時間にかかわりなく，勤務先で「パート」と呼ばれている者の
　　　こと。
出所：総務庁統計局「労働力調査」各年度版。
　　　総務庁統計局「労働力調査特別調査」各年度版。
　　　労働省「家内労働概況調査」各年度版。

（女子）」も1985年に344万人であったのが，1993年には528万人へと同様の増加
傾向を見ることができる。このことは，「女子家内労働者数」や「女子内職者
数（非農林業）」が，一貫して減少傾向にあるのと対照的になっている。

　次に，図6-5は，女子家内労働者と女子パートタイム労働者の労働条件に
ついて表している。図6-5によると，1日の労働時間は女子パートタイム労
働者の方が約1時間ほど長いことがわかる。また，1カ月の労働日数では，女
子パートタイム労働者の方が，1〜2日多く働いていることがわかるであろう。

　さらに，図6-6は，女子家内労働者と女子パートタイム労働者の1時間あ
たりの工賃額と賃金額および，平均年齢について表している。図6-6を見る
と，女子家内労働者の平均年齢と女子パートタイム労働者の平均年齢はともに
上昇しており，高齢化が進行していることがわかる。また，女子パートタイム
労働者に比べて女子家内労働者の方が若干年齢が高いが，ほぼ同じであること
が確認できるであろう。同じく図6-6で，女子家内労働者と女子パートタイ
ム労働者の1時間あたりの工賃額と賃金額について見ると，工賃額も賃金額も

図6-5　家内労働とパートの労働条件

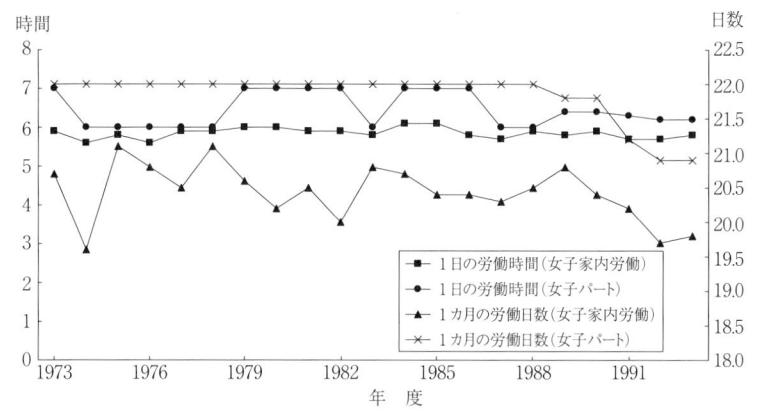

注：女子パートとは，製造業の女子パートタイム労働者（企業規模計）のことである。
出所：労働省「家内労働実態調査」各年度版。
　　　労働省「賃金構造基本統計調査」各年度版。

図6-6　家内労働とパートの工賃・賃金（1時間あたり）と平均年齢

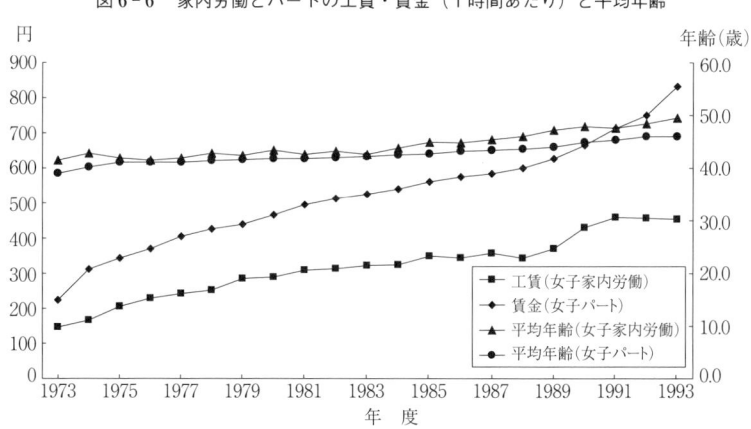

注1：女子パートとは，製造業の女子パートタイム労働者（企業規模計）のことである。
　2：1973～1975年分については，定期給与額であり，1976年以降は，所定内給与額を表してい
　　　る。
出所：労働省「家内労働実態調査」各年度版。
　　　労働省「賃金構造基本統計調査」各年度版。

ともに年々上昇していることがわかる。全体として見ると，女子パートタイム労働者の賃金額の方が高く，女子家内労働者の工賃額は約55〜60％の間を推移している。すべての女子家内労働者の工賃額が女子パートタイム労働者の賃金額より低いというわけではないが，少しでも家計の足しになる仕事を希望する家庭の主婦にとって，家内労働よりもパートタイム労働を就業選択する要因になったと考えられる。一例をあげると，家内労働では製品の出来高に応じて工賃が支払われるが，パートタイム労働では時間給で支払われるため一定の安定した収入が確保できることになる。また，パートタイム労働の場合は賞与もありうるが，家内労働の場合には賞与は存在せず，代わりに，お盆と年末に菓子箱や石鹼箱が配られるだけとなっている。[6]

（2）税制と就業意識

　税制上も家内労働とパートタイム労働の間には非課税限度額に格差が生じていたため，少しでも家計の足しになるよう非課税限度額ぎりぎりまで就業を希望する家庭の主婦にとって，家内労働をするよりもパートタイム労働に従事するインセンティブとなっていた。

　例えば，家内労働者の所得は，世帯主が専業として家内労働に従事する場合は事業所得として扱われ，家庭の主婦が内職として家内労働に従事している場合は雑所得として扱われることになっている。このうち，家庭の主婦が内職として家内労働に従事している場合，税制上は独身者として扱われるため，基礎控除に必要経費控除を合計した額が非課税限度額となるのである。[7]一方，女子パートタイム労働者の場合，基礎控除に給与所得控除を合計した額が非課税限度額となるため，図6-7で示すとおり，長年の間，女子家内労働者と女子パートタイム労働者の非課税限度額には約40万円近くの格差が生じることになっていた。その後，1988年に所得税臨時特例法が制定され，それまで女子家内労働者の必要経費控除の額を総内職収入の3割程度としていたのが，給与所得控除と同額の57万円と改めたため，女子家内労働者と女子パートタイム労働者の非課税限度額が90万円となり，非課税限度額の格差が解消されることに

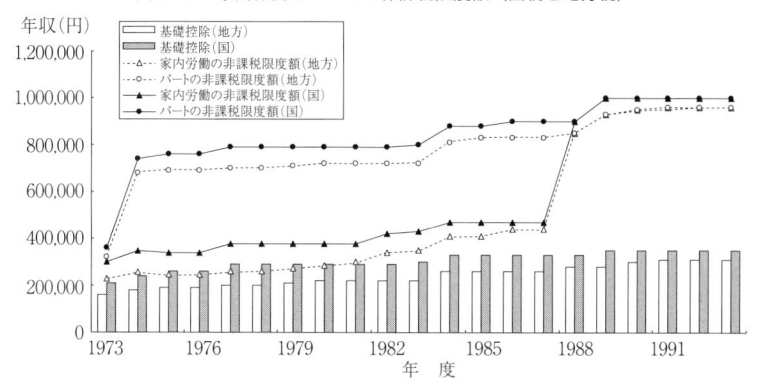

図6-7 家内労働とパートの非課税限度額（国税と地方税）

注1：1973年度から1987年度までの「必要経費控除」は，総内職収入の3割程度として計算している。
　　2：1973年度の給与所得控除は，定額控除額の16万円で計算している。
出所：労働省「家内労働のしおり」各年度版。

なったのである。⁽⁸⁾

　それでは実際に，就業を希望する家庭の主婦は家内労働とパートタイム労働のどちらの仕事をしたいと思っていたのであろうか。この点について，表6-1は，女子無業者の希望する仕事の形態別構成比について表している。表6-1によると，女子無業者の希望する仕事として，「家庭で内職をしたい」と答えた人の割合は，1974年に34.0％であったのが，1982年には23.5％，1992年には13.0％へと減少している。反対に，「短時間で雇われたい」と答えた人の割合は，1974年に39.4％であったのが，1982年には50.4％，1992年には63.2％へと増加している。ここから，家内労働を希望する人の割合が減少したのに対して，パートタイム労働を希望する人の割合が増加したことがわかるであろう。

　このように，オイルショック以降の約20年間で，家内労働者数と委託者数が減少しているのとは対照的に，パートタイム労働者数は増加の傾向を示すことになる。そこで，女子家内労働者と女子パートタイム労働者の労働条件等について比較してみると，1日の労働時間では，女子パートタイム労働者の方が約1時間ほど長く，1カ月の労働日数では，女子パートタイム労働者の方が，1

表6-1　女子無業者の希望する仕事の形態別構成比の推移
(%)

区　分	総　数	短時間で雇われたい	普通勤務で雇われたい	自分で事業をしたい	家庭で内職をしたい	自家営業を手伝いたい	その他
1968年	100.0	30.4	11.3	3.6	42.8	5.0	6.9
1971年	100.0	36.4	11.0	4.4	37.0	4.6	6.6
1974年	100.0	39.4	11.3	4.4	34.0	4.4	6.4
1977年	100.0	43.2	13.0	4.4	28.4	10.9	
1979年	100.0	45.1	12.2	4.0	27.9	2.9	7.7
1982年	100.0	50.4	14.1	3.9	23.5	2.0	6.1
1987年	100.0	57.7	14.2	3.5	17.3	1.9	5.5
1992年	100.0	63.2	13.5	3.0	13.0	1.6	5.7

出所：総務庁統計局「就業構造基本調査」各年度版。

～2日多く働いていることがわかった。平均年齢では，女子パートタイム労働者に比べて女子家内労働者の方が若干年齢が高いが，ともに高齢化が進行しており，ほぼ同じであることが確認できた。また，1時間あたりの工賃額と賃金額について見ると，女子パートタイム労働者の賃金額の方が高く，女子家内労働者の工賃額は約55～60％の間を推移していた。さらに，税制上も女子家内労働者と女子パートタイム労働者の非課税限度額に約40万円近くの格差が生じていたこともあり，少しでも家計の足しになる仕事を希望する家庭の主婦にとって，パートタイム労働を就業選択するインセンティブとなっていた。

　しかしながら，家内労働かパートタイム労働かの就業選択には，家庭内に育児や介護の必要な人がいるかどうか，勤め先が自宅から近くにあるかどうか，パートタイム労働の募集年齢を超えていないかどうかなどの諸要因も反映する。[9]例えば，家内労働をすることで子供に構ってやれないとか，家内労働の種類によっては危険なものもあり，子供にとって良くないと考えている家庭の主婦が多い。ところが一方，子供に金銭感覚を身につけさせて，お金のありがたさをわからせることができると考えている人もいたりする。つまり，それぞれの家庭環境や考え方の違いも，家内労働かパートタイム労働かの就業選択に影響していると考えられる。

（3）婦人労働対策

　家庭の主婦が，家内労働やパートタイム労働に従事することが多くなるにつれて，労働省もそれなりの対策を講ずる必要があった[10]。例えば労働省は，内職補導事業として，家庭外で働くことが困難な主婦や未亡人などに対して家内労働の相談や紹介を行うため，1955年から各都道府県に内職公共職業補導所（1973年から内職相談センターと名称変更）を設置し，国庫補助を行っている。この内職補導事業は，戦前から一部の自治体を中心に行われてきたように，民生行政として生活困窮者に家内労働をあっせんするというのではなく，労働行政として家庭外で働くことが困難な主婦や未亡人などの就労対策に取り組むため始められた。

　しかしながら，オイルショック以降になると，ライフサイクルの変化による就業意識の多様化や経済的な必要性などにより，家内労働やパートタイム労働などの就業を希望する家庭の主婦が急激に増加してきたため，1977年より従来の内職補導事業を拡充強化して婦人就業援助事業とすることになった。1979年には，婦人就業援助促進事業となり，雇用福祉事業の一環として国庫補助が行われている[11]。

　これらの事業では，大きく分けて，①相談・紹介業務，②技術講習会の開催，③調査・研究活動，④広報・啓蒙活動，の四つの業務が実施されている。このうち，相談・紹介業務に最も重点を置いて取り組んでおり，相談者の個性やニーズに対応するため，1967年より内職相談員を配置するなどしている。また，家内労働には低工賃の単純作業から，ある程度技能が必要な作業まで存在しているため，団地の多い地域を中心に定期的に技術講習会を開催することで，家内労働者の技術向上を目指している。技術講習会は縫製や編物などが中心であったが，オイルショック以降は和文タイプや経理事務など製造加工作業以外のものも扱っている。さらに，家内労働の実態について明らかにするため，事業所調査や従事者調査などを中心に調査・研究活動も行っている。事業所調査は求人開拓に，工賃調査は工賃相場の形成に利用されている。これらに加えて，家内労働者は孤立分散していて不利益を被ることが多いため，新聞・ラジオや

広報紙などを通じて広報・啓蒙活動も実施している。広報紙には，工賃相場や技術講習会の日時などが掲載されている。また，委託契約上のトラブルや家内労働災害が後を絶たないため，家内労働手帳を作成・配布したり，安全衛生に関する委託者への指導などを行っている。

　これらの事業を全体として見ると，相談人数と紹介人数は，景気の良い時は減少し，景気の悪い時は増加している。就業を希望する家庭の主婦が増加しているため，相談人数は多い。しかし，産業構造の転換などにより家内労働自体が減少しているため，紹介人数は多くはない。また，家内労働を紹介した後の「追跡調査[12]」によると，紹介してもらった人すべてが家内労働に従事しているわけではなく，「人手が足りている」や「技術の不足」などのため仕事を出してもらえなかった人もいる。それ以外にも，「遠隔地に住んでいるため」とか，「高層住宅に住んでいるため」などで，委託者から家内労働の仕事を出してもらえなかった人がいたりしている。

4　在宅ワークの動向

（1）新しい家内労働の登場

　これまで見てきたように，産業構造の転換による製造業の衰退や，家庭の主婦が家内労働よりもパートタイム労働を就業選択するようになったことで，オイルショック以降の約20年間に家内労働者数と委託者数が減少するようになる。その一方で，「文章・データ入力」や「テープ起こし」を始めとして，「ホームページ制作」や「プログラミング」，「翻訳」などの在宅ワークに従事している者の数が，1980年代半ばのバブル期から増加するようになる。それに伴って，契約上のトラブルや安全衛生面での問題も取り沙汰されるようになってきている。

　そもそも現行の家内労働法は，高度成長期の実態に即して製造業の家内労働を前提に制定されている。それゆえ，家内労働法第2条第2項で定義されている家内労働者とは，製造加工作業に従事する場合となっており，情報サービス

業関連の在宅ワークは家内労働法の適用を受けることができないのである。ま
た，在宅ワークに従事する者の数が，どれくらいいるのかを政府統計で把握す
ることができないという問題も生じている。これは，労働省の「家内労働概況
調査」では，家内労働法で定義されている法定家内労働者のみを扱っており，
在宅ワークに従事している者の数はカウントされていないためである。

　そこで労働省は，1989年5月24日に在宅就業問題研究会を設置して，在宅
ワークの問題について検討を始めるようになる。この研究会を設置するに先
立って，労働省は，1988年10月から11月にかけて，印刷関係のワープロ作業を
発注している事業所と在宅ワークに従事している者を対象に，「在宅就業訪問
調査」を実施している。[13]在宅就業問題研究会は，主に，この調査結果を分析す
ることで，1990年2月8日に，「第1次報告」を発表することになる。

　「第1次報告」では，「将来の情報機器の発展を現時点で見通すことは困難で
あり，今後とも，個別の作業実態等についての把握を積み重ねつつ対応を検討
することが望ましい」[14]としながらも，ワープロ作業を行う在宅ワーカーに対し
て家内労働法の適用を検討すべきであるとしている。

　これを受けて，1990年3月31日付基発第184号，婦発第57号により，ワープ
ロソフトなどを用いて文章の入力（ベタ打ち）作業をする場合については，家
内労働法を適用することになっている。ただし，家内労働法に照らして解釈し
直す必要があるため，委託者からフロッピーディスク等の外部記憶媒体の提供
や売渡しがあり，その外部記憶媒体に入力した文章を保存して納品した場合に
のみ限定されている。このため，自分で購入した外部記憶媒体に文章を保存し
て納品した場合や，外部記憶媒体を用いずインターネットやパソコン通信など
で納品した場合は，家内労働法の適用対象にならないという問題が残されるこ
とになった。

（2）在宅ワークとは何か

　ところで，在宅ワークという言葉が広く世間一般に使用されるようになるの
は，2000年6月14日に労働省が策定した「在宅ワークの適正な実施のためのガ

イドライン」で，在宅ワークについて一応の定義付けがされてからである。それまで，在宅就業や在宅勤務あるいは在宅就労と呼ばれることがあり，特に，1980年代後半から1990年代前半のバブル期に実施された実態調査では，しばしば企業から雇われながら自宅で働く場合と，企業から雇われずに自宅で働く場合とを混同して捉えられることが多かった。

　そこで，上記の「ガイドライン」によると，在宅ワークとは，「情報通信機器を活用して請負契約に基づきサービスの提供等を行う在宅形態での就労のうち，主として他の者が代わって行うことが容易なものをいい，例えば文章入力，テープ起こし，データ入力，ホームページ作成などの作業を行うものがこれに該当する場合が多い。ただし，法人形態により行っている場合や他人を使用している場合などを除く」[15]と定義されている。労働省の定義のポイントは，請負契約であることと，他人を使用しないということである。

　しかしながら，在宅ワークは必ずしも情報通信機器を用いて働くことばかりではない。例えば，通信教育の添削や模擬試験の採点，文章校正や簿記，医療事務（レセプトチェック）などパソコンを使用しない在宅ワークも多い。たとえ情報通信機器を使用していたとしても，1990年代の半ば頃までは，主にファクシミリやパソコン通信を用いて仕事をしていることが多く，インターネットを使用して仕事をするようになるのは，1990年代半ば以降にパソコンの低価格化によって，家庭に普及するようになってからのことである。在宅ワークといっても，情報通信機器を使用しないものも存在していることに注意する必要があるであろう。

　また，在宅ワークに従事している人について，1980年代後半から1990年代前半に実施された実態調査の結果を見てみると，約7割が女性であり，そのうち小学校入学前の子供がいる女性で大半を占めている。中高年の男性や障害者もわずかであるが，在宅ワークに従事している。中高年の男性が在宅ワークに従事している場合，彼らは以前勤めていた会社での人的ネットワークや高度な技術を身に付けていることが多く，「設計・製図」や「プログラミング」などの仕事をしており，高収入である。

　一方，30歳代の既婚女性が在宅ワークに従事している場合，結婚や出産を機に退社したが，以前勤めていた会社から在宅ワークを発注してもらっていたり，あっせん業者に登録して，低収入の「文章・データ入力」や「テープ起こし」の仕事をしていることが多い。これは，彼女たちに，男性の在宅ワーカーのような営業能力や高度な技術がないためであり，しばしば悪徳業者から騙されて高額な機器を買わされたり，多額の研修費を払わされて仕事をあっせんしてもらえないという被害が多発している。在宅ワークに従事する理由では，「家計の足しにする」や「子供の教育費のため」といった経済的理由が圧倒的に多く，「自分の能力を生かしたい」や「社会とのつながりが欲しい」といった理由も少なからずある。

　確かに，在宅ワークといえば，就業場所や就業時間にとらわれず自由に働くことができるといった側面があり，在宅ワークの普及によって出産・育児期の女性が労働市場から撤退することなく，家事・育児と仕事を両立させることができると捉えられがちである。あるいは，通勤困難な障害者の就労機会を拡大し，在宅ワークを通じて自立を促進すると考えられている。しかしながら，在宅ワークは納期やノルマが厳しいため，必ずしも自由な時間を利用して働けるわけではないということや，女性や障害者を家に閉じこめ，家事や育児は女性がするべきものという性別役割分業を強化する可能性があることに注意しておかなければならないであろう。[16]

5　安定成長期の動向

　本章では，1973年から1993年までの内職・家内労働がどのようなものであったのかを明らかにするため，内職・家内労働とパートタイム労働の動向について女性労働者を中心としながら分析を行うとともに，内職・家内労働やパートタイム労働に関する婦人労働対策と，バブル期から徐々に増えつつある在宅ワークについても視野に含めて分析を行った。

　本章で明らかとなったことを要約すると，以下の四点である。

第一に，オイルショック以降の約20年間で，家内労働者数と委託者数は減少していることである。類型別では，家庭の主婦が家計補充として従事する「内職的家内労働」が全体の9割を占めており，男女別では女子家内労働が圧倒的に多いことがわかった。また，年齢構成では，若年層は家内労働に従事しない傾向があり，家内労働者の高齢化は進行している。都道府県別では，家内労働者や委託者の都市部集中が弱まり，地方へ分散する傾向にある。家内労働者数と委託者数の両方とも大阪府では最も多かった。業種別では，構造不況業種の「衣服・その他の繊維製品」と「繊維工業」で家内労働者数と委託者数が大幅に減少しており，唯一，「電気機械器具」だけが家内労働者数も委託者数も減少していないことがわかった。一方，家内労働の量的な側面だけでなく，質的な側面でもオイルショック以降の約20年間で変化が生じている。また，技能が必要でない単純作業の家内労働は，安価な労働力の多い地方の農村や漁村に出されたり，円高により韓国や台湾あるいはフィリピンやインドへ輸出されるようになってきている。

　第二に，女子家内労働者と女子パートタイム労働者の労働条件等について比較してみると，1日の労働時間では，女子パートタイム労働者の方が約1時間ほど長く，1カ月の労働日数では，女子パートタイム労働者の方が，1〜2日多く働いていることがわかった。平均年齢では，女子パートタイム労働者に比べて女子家内労働者の方が若干年齢が高いが，ともに高齢化が進行しており，ほぼ同じであることが確認できた。また，1時間あたりの工賃額と賃金額について見ると，女子パートタイム労働者の賃金額の方が高く，女子家内労働者の工賃額は約55〜60％の間を推移していた。しかしながら，労働大臣官房政策調査部編（1991）によると，パートタイム労働者は依然として中高年の既婚女性に多いものの，高齢者や若年者にも広がり多様化の傾向を見せている。しかも，パートタイム労働者は，かつて製造業で最も多かったが，今や卸売・小売業で最も多く，次いでサービス業，製造業の順に多くなっている。そもそもパートタイム労働は，若年労働力不足に対して補助的な労働力として導入されたが，勤続年数の長期化により第三次産業を中心に基幹労働力化の傾向にある。

　第三に，労働省では，就業を希望する家庭の主婦や未亡人などに対して，各都道府県ごとに家内労働やパートタイム労働についての相談や紹介を実施している。これらの事業では，広報・啓蒙活動の他に，調査・研究活動や技術講習会を開催したりしている。また，家内労働を紹介した後の「追跡調査」によると，紹介してもらった人すべてが家内労働に従事しているわけではなく，「人手が足りている」や「技術の不足」などのため仕事を出してもらえなかった人もいる。たとえ家内労働に就業できたとしても，「仕事が不安定」で「工賃が安い」といった悩みを抱えていたりしている。

　第四に，オイルショック以降の約20年間に家内労働者数と委託者数が減少するようになる一方で，「文章・データ入力」や「テープ起こし」を始めとして，「ホームページ制作」や「プログラミング」，「翻訳」などの在宅ワークに従事している者の数が，1980年代半ばのバブル期から増加するようになる。中には，平日の昼間に事業所でパートタイム労働に従事して，夜間や休日に自宅で家内労働や在宅ワークをしている人もいる。発注側の企業が在宅ワークを活用する理由には，高度な専門技術を必要とする仕事や季節的な繁閑のある仕事に対応するためであったり，在宅ワークを活用した方が雇用労働者の賃金より安上がりであるという理由がある。在宅ワークは，就業場所や就業時間にとらわれず自由に働くことができ，家事・育児と仕事を両立させることができると捉えられがちであるが，仕事が継続的にあるわけではないため精神的なストレスを感じる人や，長時間のVDT（Video Display Terminal）作業で眼精疲労や腰痛になる人も多い。在宅ワークの負の側面にも注意しておくべきである。

　最後に，本章では内職・家内労働の実態とパートタイム労働の関連について分析することを主眼としていたため，1980年代半ばのバブル期から増加するようになる在宅ワークについて十分な分析を行ったわけではない。在宅ワークに従事する人が急激に多くなり始めるのは，パソコンの低価格化によって，インターネットが家庭に普及するようになる1990年代半ば以降のことである。[17]折しもこの頃は，世間で「IT革命」と騒がれた頃であり，平成不況によるリストラや賃金削減で経済的な必要性に迫られた家庭の主婦が在宅ワークに従事する

ようになる時期でもある。1990年代以降の在宅ワークについては，第7章であ
らためて論じることにしたい。

注
(1) 藤井紀代子（1983）もまた，内職・家内労働の動向について統計資料を用いて分析を
行っている。その他に，神尾京子（2007）は，1979年から2005年までの家内労働や在宅
ワークの動向について，紹介している。
(2) 山本正治郎（1974c）10頁。
(3) 大須眞治・唐鎌直義（1987）28頁。
(4) 青野寿彦（1980）244-245頁によると，長野県下の農村地域では，家内労働者に材料
を運搬し加工品を回収するのに，一人で30件程度が限度とされており，そのための自動
車の走行距離は一日に30〜60km程度になるようである。
(5) パートタイム労働法の正式名称は，「短時間雇用者の雇用管理の改善等に関する法
律」である。
(6) 家内労働法第6条第1項で，工賃は通貨で支払わなければならないと決められている。
(7) 実際には，家庭の主婦が内職として家内労働に従事している場合には，内職収入が非
課税限度額を超えることは滅多になかった。
(8) 1989年には，給与所得控除と必要経費控除が57万円から65万円に引き上げられた。
(9) 保育所入所の順位として，内職・家内労働に従事している場合，パートタイム労働や
自営業と比べて優先順位が低い。
(10) 家内労働の担当部局は，数回の移管を実施している。それらは，労働省労働基準局
（1970年）→労働省婦人局（1985年）→労働省女性局（1999年）→厚生労働省雇用均
等・児童家庭局（2001年）である。
(11) 婦人就業援助促進事業は，1997年には女性就業援助促進事業となったが，1999年4月
1日以降は廃止されている。
(12) 家内労働を紹介した後の「追跡調査」について，京都府内職指導所編『内職相談者の
追跡調査』（京都府立総合資料館所蔵）や，大阪府立職業サービスセンター編『内職紹
介後の動向調査』（大阪府公文書館所蔵：B319962832〜B319962838）などがある。
(13) この調査では，請負契約で自宅等において情報通信機器を用いて作業しているような
就業形態と，企業から雇われて働く場合とを区別して扱っている。
(14) 労働省婦人局編（1990）77頁。
(15) 「ガイドライン」の詳細については，厚生労働省監修（2001）37-40頁を参照。
(16) ジェンダー視点から，在宅ワークの負の側面について考察したものとして，内海典子
（2000）がある。
(17) 日本におけるインターネットの世帯普及率は，1996年に3.3％であったが，2000年に
は34.0％と急増している。詳しくは，総務省編（2001）を参照。

第7章

平成不況期の内職・家内労働と在宅ワーク
——グローバル化と情報化の下で——

1　平成不況期の動向

　本章では，1990年代以降のグローバル化と情報化の中で，製造加工作業を中心とした内職・家内労働がいかなる変遷を経て現在に至っているのかについて考察することを目的とする。具体的には，第2節で家内労働者と委託者の概況を考察し，パートタイム労働者との比較を行う。第3節では，家内労働と在宅ワークの国際労働基準として，ILO第177号条約とILO第184号勧告について検討を行う。さらに，第4節では新しい家内労働としての在宅ワークについて考察し，第5節で在宅ワークの残された課題について提示することにしたい。

2　家内労働の実態

（1）家内労働者の概況

　図7-1は，1973年から2008年までの家内労働者数と，その男女別および類型別の人数について表している。1958年に約70万人いた家内労働者数が1969年に約143万人へと増加し，1973年には約184万人へと高度成長期に急増したが，1973年をピークに1986年には約108万人，1993年には約71万人へと安定成長期を通じて急減している。特に，平成不況期では1999年に約36万人，2004年に約21万人，2008年に約17万人へと減少している。

　次に，図7-1を類型別で見てみると，家計の主婦が家計補充として従事す

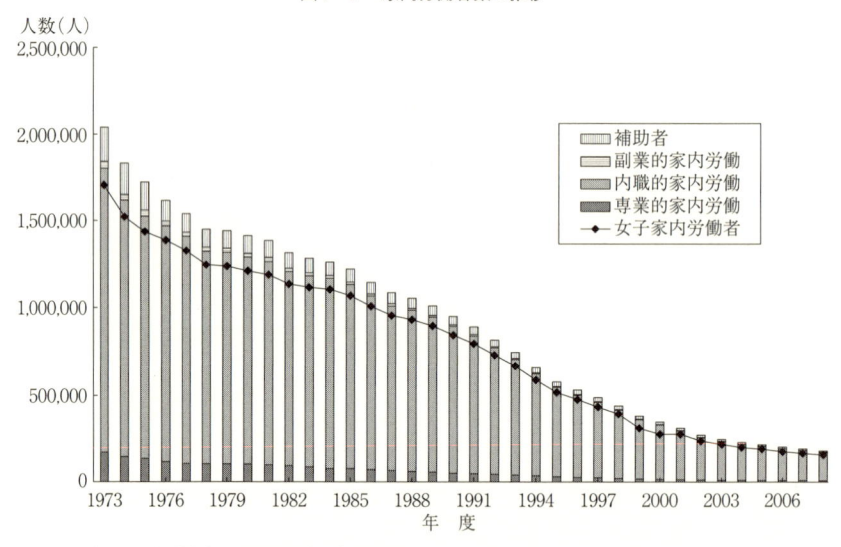

図7-1　家内労働者数の推移

出所：厚生労働省「家内労働概況調査」各年度版。

る「内職的家内労働」が全体の9割以上を占めており，世帯主が本業として従
事する「専業的家内労働」と農村や漁村に多く見られる「副業的家内労働」は，
併せて全体の1割程度しかいないことがわかる。また，全体的な家内労働者数
の減少とともに，どの類型を見ても年々減少の一途を辿っており，「内職的家
内労働」では1973年に約163万人であったが，1986年には約99万人，1993年に
は約66万人となっている。特に，平成不況期では1999年に約34万人，2004年に
約20万人，2008年には約16万人となっている。同じように，「専業的家内労
働」でも，1973年には約17万人であったが，1986年には約7万人，1993年には
約4万人となっており，平成不況期では1999年に約1万6000人，2004年に約
1万人，2008年に約8000人となっている。さらに，「副業的家内労働」では，
1973年には約4万人であったが，1986年には約1万2000人，1993年には約7000
人となっており，平成不況期では1999年に約3000人，2004年に約2000人，2008
年に約1000人となっている。
　一方，男女別の家内労働者数について，図7-1を見ると，女子家内労働が

図7-2　家内労働者数の業種別・地域別分布

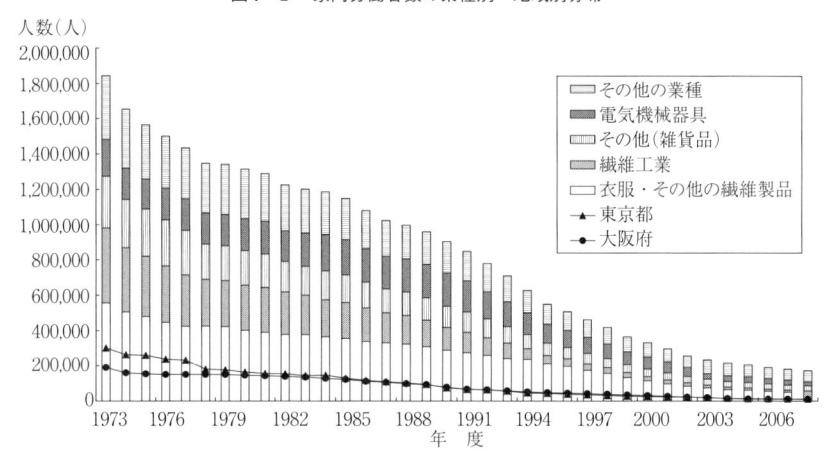

注：「日本標準産業分類」の改定により，2008年の「衣服・その他の繊維製品」は，「繊維工業」に含まれ
　　ている。
出所：厚生労働省「家内労働概況調査」各年度版。

圧倒的に多く，全体の90％以上を占めていることがわかる。年齢構成では，家内労働者の高齢化が進行しており，1973年に42.3歳（男性46.8歳・女性41.5歳）であったのが，1985年に45.4歳（男性53.0歳・女性44.9歳）となり，1995年に50.1歳（男性59.2歳・女性49.5歳）と少しずつ高齢化している。その後の平成不況期についても1996年に51.8歳（男性60.9歳・女性51.2歳）となり，2000年に53.3歳（男性62.3歳・女性52.6歳），2006年に55.9歳（男性63.9歳・女性55.2歳）となっている。全体を通して男性の方が年齢が高い傾向にあることに変わりはない。

　図7-2は，家内労働者数の業種別・地域別の分布について表している。図7-2では，東京都と大阪府の場合しか表していないが，1973年以降は東京都も大阪府も家内労働者数が年々減少していることがわかる。家内労働者数の多い都道府県は高度成長期から1989年までは東京都が1位で大阪府が2位であったが，東京都の家内労働者数が大幅に減少したため，1990年より大阪府が1位で東京都が2位となっている。その後，2004年に再び東京都が1位になってい

るが，2005年から2008年は静岡県が1位となっている。例えば，1973年に東京都は30万1700人，大阪府は18万9700人であったが，1990年に東京都は7万4700人，大阪府が7万7900人となり，2004年には東京都が1万5550人，大阪府が1万5084人となっている。2005年には静岡県が1万4280人であり，東京都が1万4190人，大阪府が1万1781人となっている。また，東京都，大阪府，愛知県，神奈川県の都市部で家内労働者が多く，4都府県に占める家内労働者数の割合は，1975年に41.0％であったのが，1984年には38.1％，1993年には28.7％へと減少している。特に神奈川県が減少しており，2000年になると，東京都，大阪府，愛知県，静岡県，三重県で家内労働者が多く，5都府県で占める家内労働者数の割合は3割となっている。2004年から2008年で家内労働者数が1万人を超えている都道府県は，東京都，大阪府，愛知県，静岡県のみとなっている。

　さらに，図7-2で家内労働者の業種別の分布を見てみると，衣服の縫製などの「衣服・その他の繊維製品」で最も家内労働者が多く，1973年に約55万人であったが，1986年には約33万人，1993年には約24万人へと減少しており，平成不況期では1999年に約13万人，2004年に約6万5000人，2007年に約5万人となっている。次に，織物・メリヤス編立などの「繊維工業」では，1973年に約42万人であったが，1986年には約18万人，1993年には約8万8000人へと減少しており，平成不況期では1999年に約3万人，2004年に約1万3000人，2007年に約1万1000人となっている。また，コイル巻き・ハンダ付けなどの「電気機械器具」では，1973年に約20万人であったが，1986年には約19万人，1993年には約14万人へと減少しており，平成不況期では1999年に約7万人，2004年に約3万人，2008年に約2万人となっている。さらに，洋傘・造花などの「その他（雑貨品）」では，1973年に約29万人であったが，1986年には約14万人，1993年には約9万2000人へと減少しており，平成不況期では1999年に約4万7000人，2004年に約3万2000人，2008年に約2万9000人となっている。このうち，1973年から2000年頃まで，「衣服・その他の繊維製品」，「繊維工業」，「電気機械器具」，「その他（雑貨品）」の4業種で全体の8割を占めていたが，2003年頃から

4業種で7割に減少している。

　このように，1973年以降の約35年間で，家内労働者数は年々減少の一途を辿っている。類型別で見ると，安定成長期と平成不況期を通じて「内職的家内労働」が全体の9割を占めており，男女別では女子家内労働者が圧倒的に多いということに変化はなかった。しかしながら，年齢構成では家内労働者の高齢化が年々進行している。また，都道府県別では，東京都と大阪府で家内労働者数が多かったが，神奈川県の家内労働者数が少なくなり，静岡県が最も家内労働者が多い都道府県となった。さらに，業種別では，安定成長期に「衣服・その他の繊維製品」と「繊維工業」で家内労働者数が大幅に減少し，「電気機械器具」が横ばいという特徴があったが，平成不況期には「衣服・その他の繊維製品」と「繊維工業」だけでなく，「その他（雑貨品）」や「電気機械器具」も大幅に家内労働者数が減少している。

（2）委託者の概況

　図7-3は，委託者数の業種別・地域別の分布について表している。ここでいう委託者とは，家内労働法の第2条第3項によると，家内労働者に直接仕事を委託している製造加工業者などのことである。委託者のうち「製造又は販売業者」が90％以上を占めており，「請負業者」は5～6％程度しかいない。1958年に約6万4000人いた委託者数が1969年に約9万4000人へと増加し，1973年には約11万人へと高度成長期に急増したが，1973年をピークに1986年には約7万5000人，1993年には約4万7000人へと安定成長期を通じて減少している。特に，平成不況期では1999年に約2万6000人，2004年に約1万5000人，2008年に約1万2000人へと減少している。

　図7-3では，東京都と大阪府の場合しか表していないが，1973年以降は東京都も大阪府も委託者数が年々減少していることがわかる。委託者数の多い都道府県は高度成長期から1971年までは東京都が1位で大阪府が2位であったが，東京都の委託者数が大幅に減少したため，1972年より大阪府が1位で東京都が2位となっている。その後，1999年に東京都が再び1位となっている。例えば，

図7-3　委託者の業種別・地域別分布

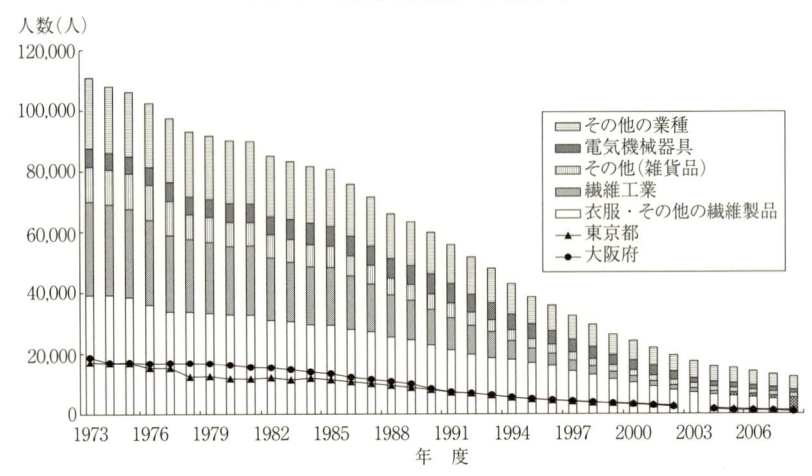

注1：「日本標準産業分類」の改定により，2008年の「衣服・その他の繊維製品」は，「繊維工業」に
　　　含まれている。
　2：2003年の「東京都」と「大阪府」については，不明。
出所：厚生労働省「家内労働概況調査」各年度版。

1972年に東京都は1万7110人，大阪府は1万8670人であったが，1999年に東京
都は3560人，大阪府は3470人となり，2008年には東京都は1215人，大阪府は
755人となっている。また，高度成長期には東京都，大阪府，京都府，兵庫県
で委託者数が多かったが，安定成長期には大阪府，東京都，兵庫県，愛知県，
岐阜県で委託者数が多くなり，平成不況期には大阪府，東京都，愛知県，岐阜
県，京都府，静岡県で委託者数が多い傾向がある。

　さらに，図7-3で委託者の業種別の分布を見てみると，「衣服・その他の繊
維製品」が最も委託者数が多く，1973年に約3万9000人であったが，1986年に
は約2万7000人，1993年には約1万8000人へと減少しており，平成不況期では
1999年に約1万1000人，2004年に約6000人，2007年に約5000人となっている。
次に，「繊維工業」では，1973年に約3万人であったが，1986年には約1万
7000人，1993年には約8000人へと減少しており，平成不況期では1999年に約
2400人，2004年に約1000人，2007年に約950人となっている。また，「電気機械

器具」では，1973年に約6000人であったが，1986年には約6400人，1993年には約5600人へと横ばいを保っており，平成不況期では1999年に約2100人，2004年に約1500人，2007年に約1300人となっている。さらに，「その他（雑貨品）」では，1973年に約1万1000人であったが，1986年には約6600人，1993年には約3900人へと減少しており，平成不況期では1999年に約2100人，2004年に約1500人，2007年に約1300人となっている。このうち，1973年から2000年頃まで，「衣服・その他の繊維製品」，「繊維工業」，「電気機械器具」，「その他（雑貨品）」の4業種で全体の75％以上を占めていたが，2003年頃からは4業種で全体の65％程度を占めるようになっている。

　このように，1973年以降の約35年間で，委託者数は年々減少の一途を辿っている。委託者のうち「製造又は販売業者」が90％以上を占めており，「請負業者」は5〜6％程度しかいない状況となっている。都道府県別では，東京都と大阪府で委託者数が多かったが，安定成長期からは岐阜県で委託者数が多くなり，平成不況期には静岡県で委託者数が多いという特徴が見られた。神奈川県では家内労働者数は多いが委託者数はあまり多くはない。また，業種別では，安定成長期に「衣服・その他の繊維製品」と「繊維工業」で家内労働者数が大幅に減少し，「電気機械器具」が横ばいという特徴があったが，平成不況期には「衣服・その他の繊維製品」と「繊維工業」だけでなく，「その他（雑貨品）」や「電気機械器具」も大幅に家内労働者数が減少している。特に「繊維工業」が大幅に減少している。

（3）女子家内労働と女子パートの比較

　家内労働者と委託者が1973年以降の35年間で減少している一方で，パートタイム労働者はどうであったのであろうか。そこで，パートタイム労働者数の推移については，女子短時間雇用者（非農林業）の推移について見ることにしたい。これは，パートタイム労働法で，パートタイム労働者とは1週間の所定労働時間が同一の事業所に雇用される通常の労働者の1週間の所定労働時間と比べて短い労働者のことと定義されているが，この定義に基づいてパートタイム

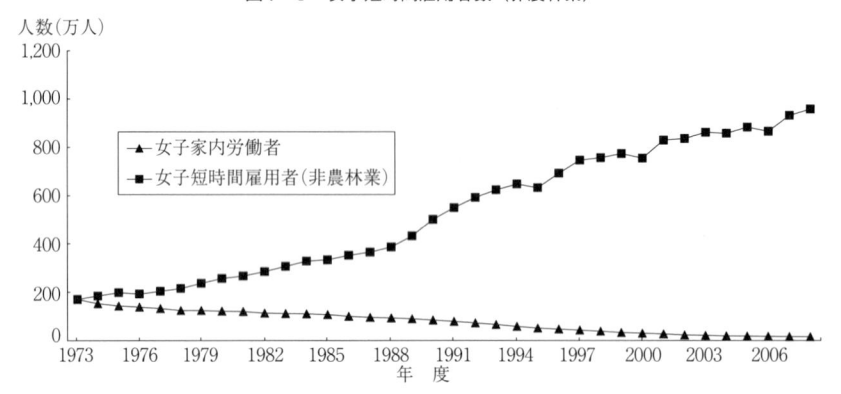

図7-4　女子短時間雇用者数（非農林業）

注：短時間雇用者とは，雇用労働者のうち，週35時間未満の短時間就業者のこと。
出所：厚生労働省「家内労働概況調査」各年度版。
　　　総務省統計局「労働力調査」各年度版。

労働者数を調査した政府統計は存在していないためである。

　図7-4は，女子短時間雇用者（非農林業）と女子家内労働者の推移について表している。ここでいう女子短時間雇用者（非農林業）とは，「労働力調査」の非農林業女子雇用者数のうち週35時間未満の就業者のことである。女子短時間雇用者（非農林業）は，1967年に114万人であったのが，1972年には146万人，1973年には170万人へと高度成長期に増加しており，1983年には306万人，1993年には623万人へと安定成長期を通じて大幅に増加している。さらに，平成不況期では，1999年に773万人，2004年に857万人，2008年に957万人へと増加している。このことは，女子家内労働者が1973年に170万人であったのが，年々減少し続けて2008年には15万人になっているのとは対照的である。

　図7-5は，女子家内労働者と女子パートタイム労働者の労働条件について表している。[(1)]図7-5によると，女子家内労働者の1日の平均労働時間は5時間程度であり，女子パートタイム労働者の方が約1時間ほど長いことがわかる。また，女子家内労働者の1カ月の労働日数は18日程度であり，女子パートタイム労働者の方が，1～2日多く働いていることがわかる。女子家内労働者で1日の労働時間が長いのは，「繊維工業」と「皮革製品」であり，逆に「木製品,

図7-5　家内労働とパートの労働条件

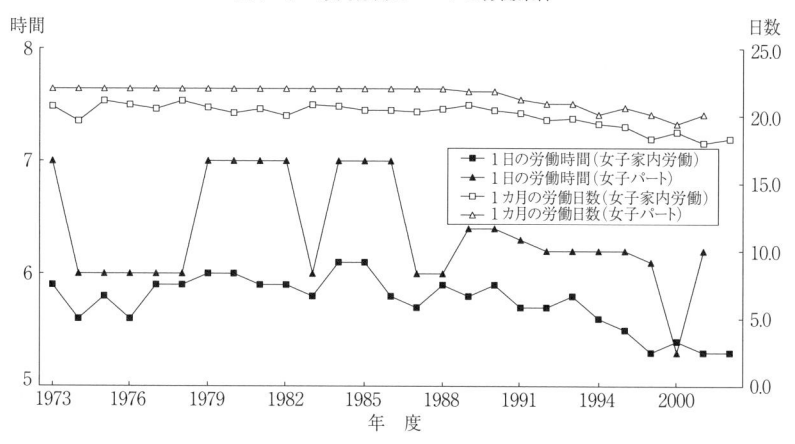

注1：女子パートとは，製造業の女子パートタイム労働者（企業規模計）のことである。
　2：2006年の女子パートの「1日の労働時間」と「1カ月の労働日数」については，不明。
　3：「家内労働実態調査」は，2004年以降は数年おきにしか実施していない。
出所：厚生労働省「家内労働実態調査」各年度版。
　　　厚生労働省「賃金構造基本統計調査」各年度版。

家具装備品」では1日の労働時間が短い傾向がある。また，女子家内労働者で
1カ月の労働日数が多いのは「繊維工業」と「ゴム製品」であり，逆に1カ月
の労働日数が短いのは「印刷・同関連」である。

　図7-6は，女子家内労働者と女子パートタイム労働者の1時間あたりの工
賃額と賃金額および，平均年齢について表している。図7-6を見ると，女子
家内労働者と女子パートタイム労働者の平均年齢はともに上昇しており，高齢
化が進行していることがわかる。また，女子パートタイム労働者に比べて女子
家内労働者の方が若干年齢が高いが，ほぼ同じであることが確認できる。同じ
く図7-6で，女子家内労働者と女子パートタイム労働者の1時間あたりの工
賃額と賃金額について見ると，工賃額も賃金額も年々上昇していることがわか
る。全体として見ると，女子パートタイム労働者の賃金額の方が高く，女子家
内労働者の工賃額は約55～60％の間を推移している。中でも女子家内労働者の
工賃額で最も低いのは「紙・紙加工品」となっている。これは，パートタイム
労働者には最低賃金制度が適用されているが，家内労働者には最低賃金制度が

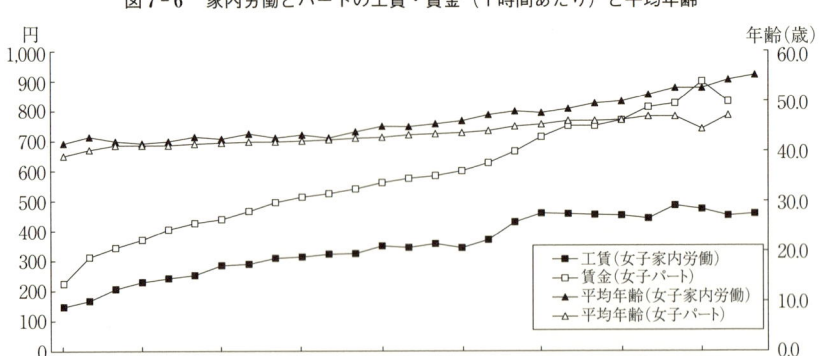

図7-6　家内労働とパートの工賃・賃金（１時間あたり）と平均年齢

注１：女子パートとは，製造業の女子パートタイム労働者（企業規模計）のことである。
　２：1973～1975年については，定期給与額であり，1976年以降は所定内給与額を表している。
　３：2006年の女子パートの「賃金」と「平均年齢」については，不明。
　４：「家内労働実態調査」は，2004年以降は数年おきにしか実施していない。
出所：厚生労働省「家内労働実態調査」各年度版。
　　　厚生労働省「賃金構造基本統計調査」各年度版。

適用されていないためである。家内労働者には最低賃金制度の代わりに最低工
賃制度があるが，全ての業種に最低工賃額が決められているわけではなく，
「紙・紙加工品」のように最低工賃のない業種では工賃額は低いままになって
いるのである。

　それでは実際に，就業を希望する家庭の主婦は家内労働とパートタイム労働
のどちらの仕事をしたいと思っていたのであろうか。この点について，表7-
1は，女子無業者の希望する仕事として，「家庭で内職をしたい」と答えた人
の割合は，1968年に42.8％であったのが，1974年に34.0％，1982年には23.5％
と安定成長期を通じて減少している。特に平成不況期では，1992年に13.0％，
2002年に6.8％となっている。反対に「短時間（パート・アルバイト）で雇われ
たい」と答えた人の割合は，1968年に30.4％であったのが，1974年に39.4％，
1982年には50.4％へと安定成長期を通じて増加している。特に平成不況期では，
1992年に63.2％，2002年に65.0％となっている。ここから，家内労働を希望す
る人の割合が減少したのに対して，パートタイム労働をする人の割合が増加し

表7-1　女子無業者の希望する仕事の形態別構成比の推移

(%)

区　分	総　数	短時間(パート・アルバイト) で雇われたい	普 通 勤 務 (正 規 従 業 員) で雇われたい	家庭で内職をしたい	派遣社員	契約社員	自分で事業をしたい	自家営業を手伝いたい	その他
1968年	100.0	30.4	11.3	42.8	–	–	3.6	5.0	6.9
1971年	100.0	36.4	11.0	37.0	–	–	4.4	4.6	6.6
1974年	100.0	39.4	11.3	34.0	–	–	4.4	4.4	6.4
1977年	100.0	43.2	13.0	28.4	–	–	4.4	10.9	
1979年	100.0	45.1	12.2	27.9	–	–	4.0	2.9	7.7
1982年	100.0	50.4	14.1	23.5	–	–	3.9	2.0	6.1
1987年	100.0	57.7	14.2	17.3	–	–	3.5	1.9	5.5
1992年	100.0	63.2	13.5	13.0	–	–	3.0	1.6	5.7
1997年	100.0	64.1	14.6	11.2	–	–	2.5	1.5	5.7
2002年	100.0	65.0	16.8	6.8	1.2	–	3.7		5.9
2007年	100.0	62.9	18.2	5.1	1.8	1.4	2.6	0.1	5.9

出所：総務省統計局「就業構造基本調査」各年度版。

たことがわかる。

3　ILO 第177号条約

（1）条約の内容

　内職・家内労働や在宅ワークに関する国際労働基準として，1996年 6 月20日に ILO 第83回総会でホームワーク条約（第177号条約）が採択されている。[2]第177号条約は，全部で10条から成る条約であり，細かい部分については規定せず，基本的な枠組みだけを規定した内容となっている。条約の前文では，既存の ILO 条約や勧告で規定されている労働基準の一般的規定がホームワークでも適用されることと，ホームワークの特別な性質を考慮して既存の ILO 条約や勧告を改善・補完することが望ましいと明記されている。また，第10条では，第177号条約は他の国際労働条約の下で，ホームワーカーに適用されるこれより有利な規定に影響を及ぼすことはないとなっている。

　第 1 条では，ホームワークの定義付けがされている。(a) 項では，ホーム

ワークとは，①使用者の作業場所以外の自宅又は自ら選んだ場所で，②報酬のために，③設備・材料などを誰が提供するかは問わず，使用者が定めた製品又はサービスにつながる労働と定めている。ただし，ここでいうホームワークとは，国内法や判例などにより独立労働者と見なされるために必要な一定の自主性および経済的独立性を持たないこととされている。このため，内職・家内労働や在宅ワークだけでなく，企業と雇用契約を結んで働く在宅勤務などもホームワークに含まれている。しかしながら，(b) 項では，時折（週3日未満），雇用労働者が自宅で「持ち帰り」残業をするような場合はホームワークに含まないとしている。このように，第177号条約では，委託・請負契約や雇用契約などの労働契約形態ではなく，使用従属性と就業場所に着目して定義付けがされている。さらに，第2条では，適用範囲について定められており，第1条で定義されたホームワークを行う全ての人に適用されるとしている。

　第3条では，第177号条約の批准国は，ホームワークに関する団体と協議の上，ホームワーカーの状況改善を目的とする国内政策を採用・実施し，定期的に再検討しなくてはならないとなっている。しかも，その国内政策は，ホームワーカーの特殊性および適切な場合には企業内で行われる同一の又は類似の労働に適用される条件を配慮し，ホームワーカーと他の賃金労働者との平等待遇をできる限り促進することと第4条第1項で規定されている。第4条第2項では，平等待遇のうち特に重要な8項目が明示されており，それらは (a) 労働三権，(b) 雇用・職業における差別待遇からの保護，(c) 職業上の安全衛生の分野における保護，(d) 報酬，(e) 法定の社会保障の保護，(f) 訓練を受ける権利，(g) 雇用ないし労働を許可される最低年齢，(h) 母性保護となっている。これらの国内政策は，法令，労働協約，仲裁裁定，又は国内慣行と合致したその他の適切な方法で実施することと第5条で規定されている。また，ホームワークに適用される国内法令や規則が遵守されるように，国内法令や慣行に合致した監督制度が必要であり，場合によっては罰則も必要であると第9条で規定されている。さらに，第8条では，労働安全衛生について規定されており，ホームワークの特殊性を考慮の上，国内法令が適用されるべきであると

いうことと，ホームワーカーにとって有害な特定の労働や物質の使用を禁止することとなっている。

　一方，使用者や仲介者については，第1条（c）項と第7条で規定されており，使用者については国内法で規定されているかどうかにかかわらず，事業活動としてホームワークの仕事を発注している自然人・法人のことであり，仲介者については禁止している国もあるため，仲介者が認められている国では法的責任は国内慣行に従い法令や判例によって決定されるとなっている。

　最後に，第6条では，ホームワーカーの人数や実態を把握する必要があるため，労働統計にホームワークを含めるための適切な措置を取ることが規定されている。

（2）ILO 第184号勧告

　ILO 第83回総会では，第177号条約と一緒にホームワーク勧告（第184号勧告）も採択されている。第177号条約が細かい部分については規定せず，基本的な枠組みだけを規定した内容となっているのに対し，第184号勧告は労働条件を改善するための具体的な規定を盛り込んだ内容となっている。ただし，勧告は加盟国に対して国際労働基準のガイドラインとなるものであって，条約のように批准すると拘束力を持つというものではない。

　第184号勧告は，全部で30個のパラグラフで構成され，それぞれのパラグラフを12項目に分類している。12項目とは，①定義の適用と範囲，②一般的規定，③ホームワークの監督，④最低年齢，⑤団結権および団体行動権，⑥報酬，⑦労働安全衛生，⑧労働時間・休日・休暇，⑨社会保障および母性保護，⑩契約打ち切りの保護，⑪紛争処理，⑫ホームワーカーの支援計画となっている。

　12項目について，それぞれ見てみると，まず，①定義と適用の範囲（第1・第2パラグラフ）では，第177号条約と同じ規定となっている。次に，②一般的規定（第3～第5パラグラフ）では，ホームワークに関する国内政策を策定・実施する上での具体的な規定や，ホームワーカーに労働条件を通知しなければならないということを規定しており，③ホームワークの監督（第6～第9パラグラ

フ）では，ホームワークに適用される国内法令や規則が遵守されるように，監督制度について規定している。

一方，④最低年齢から⑩契約打ち切りの保護までは，第177号条約の第4条第2項に規定しているホームワーカーと賃金労働者の平等待遇を具体化した内容になっている。例えば，④最低年齢（第10パラグラフ）では，賃金労働者の最低年齢に関する国内法令は，ホームワーカーにも適用されるということを規定しており，⑤団結権および団体行動権（第11・第12パラグラフ）では，ホームワーカーの団結権と団体交渉権について規定している。また，⑥報酬（第13〜第18パラグラフ）では，報酬の最低額の決定方法や支給方法について規定しており，⑦労働安全衛生（第19〜第22パラグラフ）では，労働安全衛生に関する責任と義務について規定している。さらに，⑧労働時間・休日・休暇（第23〜第24パラグラフ）と，⑨社会保障および母性保護（第25〜第26パラグラフ）と，⑩契約打ち切りの保護（第27パラグラフ）では，ホームワーカーと賃金労働者との平等待遇について具体的な規定をしている。

最後に，⑪紛争処理（第28パラグラフ）では，紛争解決の機関の設置について規定しており，⑫ホームワーカーの支援計画（第29〜第30パラグラフ）では，加盟国が取り組まなくてはならない支援策について規定している。

（3）ILO での審議過程

ILO では，政労使の三者構成主義を採用しており，加盟国は政府側代表2名，労働側代表1名，経営側代表1名が審議に参加することになっている。そのため，最終投票で労働側と経営側は1票ずつしか持たないが，政府側は2票持っていることになる。条約や勧告は2年かけて2回の討議が行われた上で，総会の本会議で投票が行われるようになっている。採択されるためには，参加国の政労使代表の3分の2以上の賛成が必要となっている。

ILO 第177号条約と ILO 第184号勧告は，1995年の第82回総会と1996年の第83回総会で2回の討議が行われた。1995年の第一次討議では，政府側のうち日本，アメリカ，カナダ，イギリス，ドイツの代表は，条約ではなく勧告にとど

める方がよいと修正案を提出した。条約ではなく勧告にとどめるという意見に対しては，経営側も条約は時期尚早であるという主張をした。それに対して，イタリア・フランスの政府側代表はホームワーカーの労働条件を改善するためには条約が必要であると主張し，投票により第一次討議では条約を作成するということで終了した。

1996年の第二次討議では，経営側は国際労働基準の作成は重要であるが，批准されないような条約をつくることによって，ILO 条約の価値を低下させてはならないと主張した。そこで，経営側は条約は不適当であるから，条約ではなく勧告にとどめるべきであるという修正案を提出した。しかしながら，修正案は否決されたため，経営側は条約の審議に参加しなくなった。条約の内容については，政府側代表と労働側代表によって審議されることになった。

条約の内容の審議では，日本政府の提案により，第 4 条に「as far as possible」を追加することで，「出来る限り平等待遇を促進する」となった。また，第 1 条（b）項の「被用者の地位を有する者が，被用者として，通常の労働の場所以外の自宅において時折労働を行うことによっては，この条約のホームワーカーとはならない」という部分についても追加されることになった。

最終投票の結果，条約は賛成246票，反対14票，棄権152票で採択され，勧告も賛成303票，反対 4 票，棄権111票で採択されることになった。日本政府は条約と勧告の両方とも賛成票を投じたが，イギリス政府とドイツ政府は条約に反対した。

このように，ILO 第177号条約と ILO 第184号勧告は，1996年 6 月20日に採択され，2000年 4 月22日に発効している。しかしながら，経営側が反対したこともあり，第177号条約の批准国は少なく，10カ国のみとなっている。批准した国を順番にあげると，フィンランド（1998年 6 月17日），アイルランド（1999年 4 月22日），アルバニア（2002年 7 月24日），オランダ（2002年10月31日），アルゼンチン（2006年 7 月31日），ブルガリア（2009年 7 月17日），ボスニア＝ヘルツェゴビナ（2010年 1 月18日），タジキスタン（2012年 5 月29日），ベルギー（2012年10月 2 日），マケドニア共和国（2012年10月 3 日）となっており，日本はいまだ批

准していない。

4　在宅ワークの動向

（1）定義をめぐって

在宅ワークという言葉が広く世間一般に使用されるようになるのは，2000年に労働省が策定した「ガイドライン」で，在宅ワークについて一応の定義付けがされてからである。それまで，在宅就業や在宅勤務あるいは在宅就労と呼ばれることが多かった。例えば，1985年に，労働省が実施した「在宅勤務が勤労者の家庭生活に及ぼす影響に関する調査」[3]では，情報通信機器を用いて主に自宅で仕事をするということに重点を置いていたため，企業で雇われながら自宅で働く就業形態と，企業から雇われずに自宅で働く就業形態とを区別せずに扱っていた。つまり，労働契約形態よりも就業場所に着目して実態調査がされていたのである。

しかし，1988年には，労働省が「在宅就業訪問調査」[4]を実施しており，この調査では，請負契約で自宅等において情報通信機器を用いて働いている就業形態と，企業から雇われて働く場合とを区別して調査している。1988年の調査では，在宅ワークという言葉は使用されておらず，代わりに在宅就業という言葉が使用されている。

その後，1989年5月24日に，労働省は在宅就業問題研究会を設置し，「在宅就業訪問調査」の調査結果を分析することで，1990年2月8日には，「第1次報告」[5]を発表している。「第1次報告」では，ワープロ作業を行う在宅ワーカーに対して，家内労働法の適用を検討するべきであると述べられており，これを受けて，ワープロソフトなどを用いて文章の入力（ベタ打ち）作業をする場合については，家内労働法を適用することになった。また，1991年には，労働省は「情報サービス産業分野における在宅就業実態調査」[6]を実施している。

一方，1996年6月20日に，ILO第83回総会で，第177号条約が採択されたのを契機として，1998年7月27日に，労働省は在宅就労問題研究会を設置してい

る。この在宅就労問題研究会は，1999年7月15日に「中間報告[7]」を発表し，在宅就労の適正な実施を確保するためのガイドラインを策定する必要があると述べている。「中間報告」では，在宅就労という言葉は，情報通信機器を活用して在宅形態で自営的に行われる働き方のこととし，雇用契約の下で行われる在宅勤務とは区別して扱われている。その後，在宅就労問題研究会は，2000年3月4日に「最終報告書[8]」を発表している。「最終報告書」では，在宅就労という言葉はわかりにくいという指摘があったため，すでに広く一般に用いられている在宅ワークという言葉が使われている。この報告書を受けて，労働省は，2000年6月14日に「在宅ワークの適正な実施のためのガイドライン」を策定している。この「ガイドライン」によって，在宅ワークについて一応の定義付けがされている。

　しかしながら，2002年11月6日に厚生労働省が発表した「情報通信機器の活用による在宅就業実態調査結果報告[9]」では，在宅ワークではなく，在宅就業という言葉が用いられている。さらに，2004年4月9日に，障害者の在宅就業に関する研究会が発表した「報告書[10]」でも，自宅等で仕事をする働き方のうち，請負契約で他人を使用していない就業形態を在宅就業と定義している。おそらく，請負契約で他人を使用せず，自宅等で情報通信機器を用いて働く就業形態を在宅就業と呼び，そのうち，文章入力やデータ入力など主として，他の者が代わって行うことが容易な仕事に従事しているケースを在宅ワークと呼んで区別しているようである。

（2）実態調査の整理

　厚生労働省が実施した在宅ワークの実態調査として，以下の調査報告書をあげることができるであろう。

①厚生労働省『情報通信機器の活用による在宅就業実態調査結果報告——平成13年度家内労働等実態調査』2002年。

②厚生労働省『平成16年度家内労働等実態調査結果報告——在宅就業に関す

る発注者実態調査』2005年。

③社会経済生産性本部『在宅就業調査報告書』2009年。

「①厚生労働省（2002）」は，在宅ワークの発注をしていると推測される6万7695事業所から一定の方法で抽出した1006事業所（有効回答数472）と在宅ワーカー2012人（有効回答数375）を調査した報告書となっている。調査期間は，2002年2月であり，調査方法は事業所へ発注者調査票と在宅就業者調査票を郵送し，事業所を通じて在宅ワーカーに調査票を配付している。回答した調査票は，事業所を経由せず厚生労働省へ直接返送している。報告書によると，在宅ワークに従事している人は，男性より女性の方が多く，年収では男性の4人に1人が500万円以上であるのに対し，女性の場合は7割の人が149万円以下である。また，職種では，男性は「設計，製図，デザイン」や「システム設計，プログラミング」に多く，女性は「文書入力」や「データ入力」に多くなっている。さらに，報酬の支払いや仕事の納期・ノルマなどでトラブルが多く，トラブルを経験したことのある在宅ワーカーは約20％程度いることが明らかにされている。

この調査は，家内労働等実態調査の一環として実施されたものであり，2001年度より3年ごとに在宅ワークの実態調査を実施することになった。その3年後に実施された調査が「②厚生労働省（2005）」となっている。この報告書は，2005年1月に実施された実態調査であり，調査対象は在宅ワークの発注をしている1473事業所（有効回答数540）である。事業所の実態調査のみで在宅ワーカーの実態調査はしていない。報告書によると，常時発注している在宅ワーカーの平均人数は7.6人（そのうち女性は5.1人）となっており，在宅ワーカーの募集は知り合いからの紹介や退職者などが多い。契約条件については，初回は書面が5割，口頭が3割であるが，2回目以降は電子メールへとシフトする傾向があり，報酬額は出来高で会社側が決定している場合が多くなっている。事業所の約25％が在宅ワーカーとのトラブルを経験しており，トラブルの内容も「仕事の出来具合」であったり，「納期」や「報酬の支払い」などが多い。成果

物は，約57％がフロッピーディスクでの納品であり，通信データ利用による納品は約35％となっている。

　しかしながら，家内労働等実態調査は，2006年度をもって廃止となり，3年後に在宅ワークの実態調査は実施されないということになった。そのため，家内労働等実態調査の代わりに在宅ワークの実態調査を実施したものとして，「③社会経済生産性本部（2009a）」がある。この調査は，厚生労働省の委託事業として実施された実態調査であり，2008年時点での在宅ワーカーは123万5000人であると推計している。この調査は，RDD（ランダム・ディジット・ダイヤリング）による電話調査で在宅ワーカー数の推計をしているだけでなく，Web調査モニター65万件からの事前スクリーニングによるアンケート調査と，在宅ワークを発注している事業所への郵送調査を実施している。在宅ワーカーへのアンケート調査は2008年6月に実施され，有効回答数は1030人となっており，事業所への郵送調査も2008年6月に実施され，調査対象事業所1万2490（有効回答数2471）となっている。報告書では，「データ入力」や「文書入力」では報酬額が低く約7割が女性であるのに対し，「ホームページ作成」や「設計・製図・デザイン」では報酬額が高く約7割が男性となっている。

　また，厚生労働省以外の企業や団体等が，在宅ワークについて実態調査をしたものとして，日本労働研究機構の実態調査をあげることができるであろう。これまで，日本労働研究機構が実施してきた実態調査には，以下のようなものがある。

④日本労働研究機構『通信情報機器の活用等による在宅勤務の展開』（調査研究報告書 No.75）1995年。

⑤日本労働研究機構『パソコンネットワークに集う在宅ワーカーの実態と特性』（調査研究報告書 No.106）1998a 年。

⑥日本労働研究機構『情報通信機器の活用による在宅就業の実態と課題』（調査研究報告書 No.113）1998b 年。

⑦日本労働研究機構『在宅・SOHO ワーク2000』（JIL データブックシリーズ）

2000年。

⑧日本労働研究機構『在宅ワーク発注と在宅ワーカーの動向』（資料シリーズ No.119）2002年。

⑨日本労働研究機構『在宅ワーカーの労働者性と事業者性』（調査研究報告書 No.159）2003年。

⑩労働政策研究・研修機構『欧米における在宅ワークの実態と日本への示唆』（労働政策研究報告書 No.5）2004年。

　まず，「④日本労働研究機構（1995）」は，日本労働研究機構が初めて在宅ワークの実態について調査した報告書である。この調査は，テレワーク（telework）について日英合同研究会議で報告するために行われた実態調査であるため，テレワークという視点から実態調査が行われている。そのため，委託・請負契約の内職・家内労働や在宅ワークだけでなく，雇用契約の在宅勤務やモバイルオフィス勤務なども含めて，自宅など会社から離れて働くという視点から調査されている。

　次に，「⑤日本労働研究機構（1998a）」は，ニフティーサーブのオンライン上に開設していた在宅ワーカーの交流サイト「在宅ワーキングフォーラム（FWORK)」の協力を得て，在宅ワークに従事している人と在宅ワークを希望している人から調査をしている。この調査では，在宅ワークについて，自宅などをオフィスとして働くことと定義しており，委託・請負契約で働く場合以外に雇用契約で働く場合も含めて考えられている。

　また，「⑥日本労働研究機構（1998b)」は，労働省女性局から委託を受けて日本労働研究機構が1997年に実施した調査であり，在宅ワークについて，パソコン，ワープロあるいはファックスなどの情報通信機器を使って自宅で請負・フリーの仕事を行うことと定義している。この調査では，あらかじめ対象業種を限定して，事業所に在宅ワークを発注しているかどうか予備調査をした上で，在宅ワークを発注していると答えた事業所への事業所調査と，在宅ワークをしている人への個人調査を実施している。この調査結果は，在宅就労問題研究会

で在宅ワークの現状について検討するための資料として使用されている。[11]

　さらに，「⑦日本労働研究機構（2000）」は，1997年から1999年にかけて FWORK の会員に実施した調査の結果をデータブックとしてまとめたものであり，「⑧日本労働研究機構（2002）」は，2000年以降に FWORK の会員に実施した調査の結果に加えて，過去に実施された調査との比較やパネルデータの分析を行っている。

　この他にも，日本労働研究機構は，在宅ワークの労働者的性格と事業者的性格の二面性について分析した「⑨日本労働研究機構（2003）」や，アメリカやイギリスやドイツなど諸外国の在宅ワークについて分析した「⑩労働政策研究・研修機構（2004）」を発表している。

（3）在宅ワークの対策

　2000年に労働省が策定した「ガイドライン」では，契約条件の明確化のために，契約に際して，①仕事の内容，②報酬額，③支払い期日，④支払い方法，⑤諸経費の取扱い，⑥納期，⑦納品先，⑧納品方法，⑨成果が不完全であったり納品が遅れたりした場合の取扱いについて明らかにした文書を交付しなければならないとしている。文書の交付の代わりに電子メールでもよいことになっており，発注側の企業は，3年間文書を保存しておかなければならないことになっている。また，「ガイドライン」では，契約条件の適正化のために，報酬の支払い期日は納品した日から30日以内（長くとも60日以内）とすることや，納期は1日の作業時間が8時間を超えない程度に設定することなどが決められている。さらに，発注側の企業は，業務上知ることができた在宅ワーカーの個人情報について，無断で他人に漏洩してはいけないことや，VDT 作業対策や腰痛防止対策のための情報を在宅ワーカーに提供するよう努めなければならないということなどが決められている。

　2010年3月30日には，在宅ワークの実態の変化を考慮して，「ガイドライン」が改正されている。改正の要点は，第一に，適用の対象となる在宅ワークについて，「情報通信機器を活用して請負契約に基づきサービスの提供等を行

う在宅形態での就労のうち，主として他の者が代わって行うことが容易なもの」と定義していたが，「主として他の者が代わって行うことが容易なもの」という点が削除されることになった。第二に，文書明示すべき契約条件として，①在宅ワーカーが業務上知り得た個人情報の取扱い，②成果物に係る知的財産権の取扱い，③契約条件を変更する場合の取扱いの３点が追加されることになった。第三に，在宅ワークが適正に実施されるためには注文者の協力が必要であることと，トラブルなど苦情の自主的解決についての留意事項が追加されることになった。[12]

「ガイドライン」を策定するだけでなく，労働省は，2000年４月より在宅ワーク支援事業を21世紀職業財団に委託して実施している。この在宅ワーク支援事業では，各種セミナーの開催や相談業務などが実施されている。例えば，在宅ワークを始めたいと思っている人のために，その心掛けや基礎知識などを教えるためのセミナーとして，「在宅ワーク基礎的セミナー」を開催している。また，在宅ワークに従事している人が，スキルアップするための方法や在宅ワーカー同士の情報交換をするためのセミナーとして，「在宅ワーカー交流セミナー」も開催している。さらに，在宅ワークを始めたいと思っている人や，始めてまもない人に対して，電話や電子メールで相談業務を実施している。[13]

　21世紀職業財団は，在宅ワークに従事する人の能力開発や就労支援を今後どのようにすすめていくべきかについて検討するため，2000年に在宅ワーク支援事業検討委員会を設置し，2001年３月に「報告書」を発表している。[14]「報告書」では，在宅ワークの健全な発展に向けて環境整備を図っていくことが必要であり，そのための支援策として在宅ワークの情報を提供する「在宅ワーク・ポータルサイト」をインターネット上に開設することなどが提案されている。これを受けて，2002年８月には，在宅ワークを始めたいと思っている人や在宅ワークに従事している人が，自分の能力を客観的に評価することでスキルアップにつなげられるように，「在宅ワーカースキルアップシステム」をインターネット上で公開している。また，在宅ワークに従事したいと思っている人が，発注側の企業や仲介業者に対して，自分の能力や業績を上手くPRできるよう

に，「在宅ワーカー自己 PR シート作成システム」もインターネットで公開している。インターネット以外にも，在宅ワークを始めたいと思っている人や始めて間もない人が，在宅ワークの基礎知識やノウハウを理解することができるように，「ハンドブック」[15]を作成している。

　在宅ワーク支援事業は，2000年4月から21世紀職業財団が実施していたが，2003年4月に社会経済生産性本部へ移管され，在宅就業者総合支援事業としてインターネット上で「ホームワーカーズウェブ HOME WORKERS WEB」が運営されている。[16]

5　在宅ワークの残された課題

　最後になるが，在宅ワークについて残された課題を提示することで，本章の結びとしたい。まず一つめは，母子家庭の母親に対する就労支援と在宅ワークとの関連についてである。この点について，2002年に母子及び寡婦福祉法が改正され，母子家庭の母親に対して就労自立支援を中心とした福祉施策の改革が行われることになった。特に，就労自立支援については，都道府県・指定都市・中核市を実施主体として，母子家庭等就業・自立支援センター事業を全国で行うことになり，2008年度には母子家庭等就業・自立支援センター事業に在宅就業推進事業が加えられるようになっている。在宅就業推進事業では，在宅ワークを始めようと思っている母子家庭の母親を対象に，就業体験セミナーや情報交換会などを実施している。しかしながら，母子家庭の母親が在宅ワークのような低収入で労働保護法の十分でない仕事をするようになった場合，自立するどころか逆に生活できるだけの十分な収入を稼ぐことができず，ワーキングプアを増大させるだけだという意見もある。母子家庭の母親に対する就労支援と在宅ワークの関連については，全国各地で行われている事例とその実態を明らかにしていく必要があるであろう。

　二つめは，障害者の就労支援と在宅ワークとの関連についてである。この点について，2004年4月9日に「障害者の在宅就業に関する研究会」が発表した

報告書では，企業が障害者に一定額以上の在宅ワークの仕事を発注した場合，法定雇用率へ算定することができるようにしたり，法定雇用率未達成企業が支払う納付金の減額や，法定雇用率達成企業が受け取る調整金・報奨金を加算するなどの方策が提言されている。この報告書の提言を受けて，2005年6月29日には障害者雇用促進法が改正されており，2006年4月1日より「在宅就業障害者支援制度」が実施されることになった。「在宅就業障害者支援制度」とは，障害者に在宅ワークの仕事を発注した企業に対して，障害者雇用納付金制度から特例調整金や特例報奨金が支給されるというものである。[17] 障害者が働くことで社会参加するようになることは良いことであるが，委託・請負契約の在宅ワークに障害者が就労することを支援するようになった場合，かえって障害者が雇用労働に就く機会が少なくなってしまうのではないかという問題がある。あるいは，結果的に障害者を自宅に閉じこめてしまうことになるのではないかという問題もある。障害者の就労支援と在宅ワークとの関連については，負の側面も十分に考慮した上で今後の動向に注意する必要があるであろう。

注
(1) 家内労働等実態調査は，2006年度をもって廃止となっている。
(2) ILO条約の和訳は批准をもって正文となるため，ここではホームワーク条約と表記している。
(3) この調査は，労働大臣官房政策調査部総合政策課が，㈱社会調査研究所に委託して実施した調査であり，調査結果を分析したものとして，平田周一・仁田道夫（1985）がある。
(4) 労働省の1988年の調査結果をもとに分析を行ったものとして，布施直春（1989）がある。
(5) 労働省婦人局編（1990）。
(6) 労働省婦人局編（1992）。
(7) 労働省女性局（1999）。
(8) 労働省（2000）。
(9) 厚生労働省（2002）。
(10) 障害者の在宅就業に関する研究会（2004）。
(11) 労働省（2000）。
(12) 「ガイドライン」の改正について，周知・啓発のため，パンフレットとハンドブックが作成されることになった。
(13) ただし，在宅ワークの紹介やあっせんなどはしていない。

⑭　21世紀職業財団（2001）を参照。

⑮　厚生労働省監修（2001）を参照。

⑯　能力評価システム，e ラーニング，就業体験セミナーなども実施している。

⑰　厚生労働大臣の登録を受けた「在宅就業支援団体」を介して，障害者に在宅ワークの仕事を発注した場合も，発注元の企業に対して障害者雇用納付金制度から特例調整金や特例報奨金が支給されることになっている。

第8章

家内労働法の問題点と在宅ワーク

1 家内労働法の改正論議

　近年，委託・請負契約で働く在宅ワーカーは増加し続けている。在宅ワーカーが増加している背景には，1990年代以降の情報化の進展と企業によるアウトソーシングの増加だけでなく，長期にわたる不況により家庭の主婦などが生計維持の必要性に迫られて就労している場合が見受けられる。また，在宅ワークは，既婚女性にとって仕事と家庭生活との両立が可能な就労形態の一つとして注目を浴びているが，報酬の支払いや仕事の納期・ノルマなどでトラブルが多く，在宅ワーク絡みの詐欺事件も多発している。そこで，2000年3月4日に在宅就労問題研究会が発表した「最終報告書」を受けて，労働省は同年6月14日に「在宅ワークの適正な実施のためのガイドライン」を策定しているが法的な拘束力はなく，現行の家内労働法を改正するのか，あるいは全く新しい立法を別個に制定するのかについては決着がついていない[1]。しかしながら，近年，家内労働法の改正によって対処する必要があるかどうかについては，神尾京子（2005），長坂俊成（2000），森戸英幸（1999，2003），労働政策研究・研修機構（2004a）などでも，指摘されるようになってきている。もはや，在宅ワーカーが労働法の保護を受けられないという問題は，社会政策的課題になりつつあるのではないだろうか。

　一方，家内労働法は，1970年5月16日に制定され，同年10月1日には全面施行されているため，数十年もの歳月が経過している。その家内労働法の制定を

目前に控えて，当時の日本経済新聞は「社説」で家内労働法について以下のように述べている。

「現に家内労働者を労働者とみるか，自営業者とみるかの実態判断の違いいかんによって，工賃の性格は『賃金なりや，工賃なりや』といった問題，ひいては支払い形態の扱い，最低工賃の決め方，水準などについても，全く対立する『哲学の衝突』が生ずる。…（中略——引用者）…家内労働法の今後は，それだけに多難であり，残された問題の検討につれて逐次対策が充実していくことを期待したい」[2]と述べている。つまり，家内労働の実態は，複雑多岐にわたっているため，家内労働法は全く対立する「哲学の衝突」[3]を内包しているものの，それらが今後解決されていくことを強く望んでいる。しかしながら，家内労働法が制定されてから，何十年以上も経過しているが，一度も抜本的な改正がされないまま今日に至っている。すなわち，現行の家内労働法は家内労働者の保護という点から見て，多くの問題点を抱えているにもかかわらず，社会政策的課題として表面化する機会がないまま何十年間も放置されてきた，あるいは，問題を先送りし続けてきたということができるであろう。

そこで本章では，在宅ワークを製造加工作業が中心である家内労働の情報サービス化と捉えた上で，家内労働法の問題点を改めて家内労働者の保護を手厚くするとともに，在宅ワークへ家内労働法を適用する必要があるのではないかということについて考察することにしたい[4]。具体的には，まず第2節で，労働基準法の適用可能性について検討した上で，家内労働法の問題点について労働基準法との違いを考慮しながら明らかにする。次に第3節で，家内労働災害への対応について，安全・衛生の確保という側面と，労災補償の側面について論じる。さらに第4節では，最低工賃制度の現状と問題点についても明らかにする。その上で最後に第5節では，家内労働法の改正によって在宅ワークを適用範囲とする必要があるのではないかということについて考察することにする。

2　労働基準法との関係

（1）労働基準法の適用可能性

　日本では，委託・請負契約といった契約の形式によらず，実態に即して労働基準法が適用されることになっている。[5] したがって家内労働者であっても，場合によっては労働基準法が適用される可能性がある。そこで，これまで唯一，家内労働者に労働基準法が適用された事例として，西陣織の出機（賃織）労働者についてとりあげることにする。[6]

　一般に西陣織では，織元（機業家）の工場内で雇用されて製織に従事する労働者のことを内機と呼び，それに対して織元から生糸や紋紙など原材料の供給を受けて自宅に所有する織機で帯地や着尺を製織し，加工賃を受け取る労働者のことを出機と呼んでいる。[7] 内機は，織元と雇用関係にあり作業の指揮監督を受けているため労働基準法が適用されているが，出機に労働基準法を適用するのか家内労働法を適用するのかは，その実態をどのように判断するかによって左右されている。

　例えば，1947年9月に施行された労働基準法は，家内労働者を適用除外としている。このため，西陣織の出機労働者で結成された全西陣織物従業員組合は，労働基準法の適用を求める運動を引き起こし，1948年に京都労働基準局は西陣賃織実態調査を実施している。この調査結果をもとに，同年4月に京都労働基準局は西陣織の出機労働者に対して労働基準法を適用することを決定し，10月1日より適用を実施している。この「1948年判定」では，西陣織の出機労働者の労働者性について，表8-1にあるように，①法的関係，②経済的関係，③指揮監督関係，④第三者の使用の可否，⑤材料器具の負担関係の五つの指標をもとに判断を行っている。

　この後，織元側から「1948年判定」に異論を唱える動きが何度かあったため，京都労働基準局は1961年と1978年にそれぞれ実態調査を実施している。「1961年調査」と「1978年調査」によると，「1948年調査」の時と比べて織元による

表8-1　1948年判定における西陣出機労働者の労働者性

（一）法的関係
1. 賃織業者と特定織元との関係は，父子相伝，永年に亘るもの少なからず。
2. 即ち両者の間には雇傭契約ありと推断さるべく。
3. 従って賃織業者は該契約を何時にても解約せんとの傾向を現に示しつつあり。之，雇傭契約の本質を現すものと言うべし。
4. 以上の各事実に付随し，一旦依頼せる仕事の供給先を織元が変更したるが如き事例は未だ見ざる所なり。

（二）経済的関係
1. 賃織業者は（一）項の如き関係より其の労働時間の殆んど全部は特定織元の仕事を為すに費し，従ってその生活は当該織元の反対給付に全面的に依存して居り。
2. 而もその反対給付決定に当たっては織元の意見が断然強く，賃織業者の意思は殆んど顧みられざる従来の実情にあり。
3. 尚，其の反対給付は品種により差等あるのは当然なれども，之が決定は賃織業者の技術を勘案し個人的差別あるを見ず，即ち請負の如く相手の技術に重点を置くことなし。
4. 以上各項と照応し，万一不完全なる仕事の場合も之が引取を織元に於て拒絶するが如き事なく，反対給付の支給も行い，又，損害賠償乃至完全補修請求の如き挙に出ずることなし。
5. 織元は賃織業者及び家族の死亡，病気等に対しては金銭貸与，見舞金贈呈等を行い，而も此の際の貸与に対しては之を返還せざる風習すら生じ居れるが如き温情的制度の存するをみる。
6. 尚，仕事なき期間は一日八十円より百円程度の休業補償をなすが如きは，明らかに雇傭乃至労働契約関係の存在を推断せらる。

（三）指揮監督関係
賃織業者が作業をなすに当たっては殆んど全的に指揮を受け居り。例えば帯を織る如き場合は地紋の如き，又一尺に付て横糸何本と言ふが如き詳細なる指示を受け，又，織元は不断に見廻りを励行し，之が為『出機廻り』なる熟語まで出来居る実情にして，雇傭の色彩を強く表現す。

（四）第三者の使用の可否
1. 賃織業者は織元の承諾なく任意に第三者をして自己に代って作業をさするを得ず。
2. 又，任意に下請に出せる事例もなし。之等は何れも雇傭の方向を強く示すものと言うべし。

（五）材料器具の負担関係
1. 織元はその依頼したる仕事に要する材料は勿論，その仕事をなすに必要なる器具迄も殆んど大部分は負担し居り，請負契約と相反する様相を呈す。
2. 従って，若干賃織業者が負担する部分あるも，その厚薄により反対給付に差等あるを見ず。之を反面より見れば，織元の負担はその経営面全体に於て通常企業の如く考慮し居り，個々の賃織業者との関係に於ては全然考慮し居らず。此の点は通常の工場経営と同一歩調を示すものと見られる。

出所：脇田滋（1982）23-27頁より筆者作成。

出機廻りが少なくなっていることが指摘されている。出機廻りの内容も単に材料供給と製品受け取りのためであり，労務管理を目的としておらず，指揮監督関係が弱くなっていると捉えている。また，出機労働者が力織機を所有している場合が，「1948年調査」の時と比べて増加しており，力織機の所有による労働関係の変化を指摘している。両調査では，「1948年判定」を覆して西陣出機労働者の労働者性を否定するまでには至っていないが，使用従属性が弱くなり，事業者的性格が強くなっていると捉えている。

　この点について，政治経済学では，誰が生産手段（労働手段＋労働対象）を所有するかによって生産関係の社会的性格は決定されるため，西陣出機労働者が力織機を購入するようになることは，彼らが「実質的に賃労働と変わらない状態」ではなく，独立の自営業者として経済的に自立するようになったかのようにも見えるかもしれない。しかし，力織機は生産手段（労働手段＋労働対象）ではなく労働手段であることに注意しておく必要がある。「1961年調査」と「1978年調査」でも，西陣出機労働者が織元から生糸や紋紙などの原材料の支給を受けて労働の対償として工賃を得ていることが明らかになっている。すなわち，労働対象（原材料）は織元が所有しており，力織機の所有だけで労働関係が変化していると判断するのは不十分である。また，1973年以降の構造的な不況の中で，織元は大幅な経費の削減に迫られており，このため織元は内機として工場内で製織に従事する労働者に力織機を購入させて，工場外で出機労働者として製織に従事させる戦略を採らざるを得なかったとも考えられる。こうすることで，織元は賞与や社会保険料などの負担の削減と労災補償責任など一切の雇用主責任から逃れることができるようになったと思われる。さらに，三好正巳（1984），横山政敏（1984，1988）によると，西陣出機労働者が，数百万円の借入金で力織機を購入しているケースが大半であり，そのため多額の借入金が彼らの生活を圧迫しており，逆に織元へ経済的に依存する傾向が強くなっていると主張している。

　しかしながら，「1978年調査」のすぐ後に，西陣出機労働者の労働者性が否定される事件が発生している。それは，1978年11月2日に西陣織の出機労働者

が作業中に電動力織機のシャフトに左腕を巻き込まれ，付け根から切断するという事故である。被災労働者はすぐに労災補償の請求をしたが，1980年11月18日に京都上労働基準監督署は労災保険法上の労働者とは認められないという理由で不支給決定をしている。[8]この労災保険法が対象とする労働者と労働基準法が対象とする労働者は同一であるため，西陣出機労働者には労働基準法が適用されないということになる。

　このように，かつて西陣織の出機労働者は労働基準法が適用されていたが，労働関係の実態が変化したと捉えて家内労働法が適用されるようになっている。実際には行政実務上の問題として，丹後地方の出機労働者には家内労働法を適用する一方で，京都市内の出機労働者には労働基準法を適用するという不整合性を容認できないのではないだろうかと思われる。[9]ましてや，西陣織の出機労働者は他府県にも散在しているため，他府県で家内労働法が適用されているのに，京都市内だけは労働基準法が適用されるということになりかねない。それゆえ，法理論上は，同一の業務に従事する家内労働者であっても労働者的性格の強い場合は労働基準法を適用するということが可能かもしれないが，行政実務上は労働者的性格の強い家内労働者だけに労働基準法を適用するというわけにはいかないのではないだろうかと思われる。[10]

（2）労働基準法との相違点

　家内労働者は，労働者的性格と事業者的性格の二面性を併せ持っていると捉えられているため，労働基準法が適用されていない。[11]その代わり，家内労働者には家内労働法が制定されている。ここでは，労働基準法との違いを考慮しながら，①家内労働手帳制度，②労働時間の規制，③委託打ち切りの予告，④委託状況届，⑤労働基準監督官の五点に焦点を絞って，家内労働法の問題点とその改善点について考察することにしたい。[12]

　まず，①家内労働手帳制度について，家内労働法第3条では，委託者は家内労働者に家内労働手帳を交付しなければいけないことになっている。これは，契約締結にあたって，単なる口約束（諾成契約）ではなく，文書で契約内容を

明らかにしておくことで，後々のトラブルを少なくする効果がある。例えば，労働基準法第15条では，雇用主は労働者に対して労働条件を明示しなくてはいけないように決められているのと同じように，家内労働法では，委託者は，業務の内容，工賃の単価，工賃の支払期日などを家内労働手帳に記入しなければならないということになっている。家内労働手帳を交付しない委託者や，家内労働手帳に法定の記入事項を記入しない委託者に対しては，罰金がある。しかし，罰金の額が少額（現行 2 万円）であるため，家内労働手帳を交付しない委託者や法定の記入事項を記入しない委託者が減らないという問題点がある。そのため，違反した場合の罰則を強化することや，法定の記入事項が記載されていれば電子メールなど情報通信機器を用いて交付してもよいことにする必要がある。

次に，②労働時間の規制について，家内労働は仕事の納期やノルマが厳しく，しかも低工賃であるため，長時間労働になりがちである。特に，男性世帯主が専業として家内労働に従事している場合，労働時間は長くなる傾向にある。そこで，家内労働法では，委託者や家内労働者は，類似の業務に従事する通常の労働者の労働時間を超えるような長時間労働の委託をしたり，受けたりしないよう努めなければならないとしている。しかし，労働基準法第32条で，雇用労働者の労働時間の上限が決められているにもかかわらず，家内労働法では具体的な労働時間の上限は決められておらず，努力義務にとどまってしまっている。労働時間の規制が努力義務にとどまってしまっているのは，委託者が家内労働者を指揮監督できる立場にないためであると考えられるが，家内労働法では具体的な労働時間の上限が決められていない点に問題点がある。また，家内労働者が余りにも長時間の労働をしている場合，都道府県労働局長は，委託者や家内労働者に対して労働時間の適正化を図るため必要な措置をとるように勧告することができるようになっている。しかしながら，勧告に従わなかった場合の罰則はない点で問題点がある。このため，勧告に従わなかった場合の罰則を規定するようにすることや，委託者側の理由で家内労働者が深夜や休日に仕事をしなくてはならないような場合には，割増賃率の支払いをしなくてはいけない

ようにする必要があるであろう。

　また，③委託打ち切りの予告について，家内労働法第5条では，6カ月を超えて継続的に同一の家内労働者に委託をしている委託者が，委託を打ち切ろうとする時は，家内労働者に予告するように努めなければならないことになっている。これは，家内労働によって生活水準を維持している者の場合，突然，委託を打ち切られると生活できなくなってしまうおそれがあるからである。例えば，労働基準法第20条でも，雇用主が労働者を解雇しようとする場合，30日前にその旨を予告するか，30日分の平均賃金を解雇予告手当として支払わなければならないと決められている。[18]しかしながら，家内労働法では労働基準法と違って，あくまで努力義務でしかないということや，委託打ち切りの予告期間と委託打ち切りの予告手当が特に定められていないという問題点がある。このため，委託打ち切りの予告期間や，委託打ち切りの予告手当を定める必要がある。

　さらに，④委託状況届について，家内労働法第26条では，委託者は家内労働者数や業務内容など必要な事項を記入した委託状況届を，毎年4月30日までに都道府県労働局長へ提出しなければいけないことになっている。しかしながら，委託状況届を提出しなければいけないということを知っている者が少ないことや，罰金の額が少額であることから委託状況届を提出していない委託者が一定数存在しているという問題がある。また，労働基準監督署は，委託者や家内労働者の団体を通じて委託状況届を提出するように呼びかけているが，家内労働の種類によっては委託者や家内労働者の団体がない場合があり，労働基準監督署が家内労働者数や業務内容などを正確に把握していないという問題がある。[19]このため，委託者側と家内労働者側の両方が都道府県労働局長へ委託状況届を提出しなければいけないことにする必要がある。また，郵送や電子メール，ホームページなどによる提出もできるようにする必要があるであろう。

　最後に，⑤労働基準監督官について，家内労働法第30条によると，労働基準監督官は必要に応じて委託者の営業所や家内労働者が業務に従事する場所へ立ち入り，検査することができるようになっている。そこで，労働省は，これま

で毎年5月21日から31日までを家内労働旬間と定めて集中的に家内労働法の監督指導を実施してきたが，2000年に家内労働旬間は廃止されることになった。このため，家内労働法の周知徹底と監督指導という点で問題が生じている。テレビやラジオ，あるいはインターネットなどを通じて，家内労働法の周知徹底をはかるとともに，労働基準監督官を増員することで監督指導を強化する必要があるであろう。

3　家内労働災害への対応

（1）安全・衛生

労働災害から労働者を保護する方法は主に二つあると考えられている。一つは，労働災害の発生を予め防止することである。もう一つは事後的であるが，労働災害の被災者や遺族に補償することである。

前者の労働災害の発生を予め防止するという点について，日本では，1972年に労働安全衛生法が制定され，これにより労働者の安全・衛生を確保しなければならないとされている。しかし，労働安全衛生法は家内労働者には適用されないため，家内労働法で対処することになっている。そこで家内労働法では第17条で，家内労働災害の発生を予め防止するために，①委託者側や家内労働者側が講じなければならない措置と，②委託者側や家内労働者側が心掛けなければならない事項について規定している。[20]

まず，①委託者側や家内労働者側が講じなければならない措置として，機械に安全装置を取り付けるということや，家内労働者に作業心得などの書面を交付すること，有機溶剤など有害物は安全な容器を使用し，容器に有害物の名称や取扱い上の注意事項を明記することなどがある。家内労働者の側も，危険有害業務に従事する時は保護具を使用したり，有害物を使用する時は取扱い上の注意事項を守ること，委託者から作業心得などの書面を交付された時は見やすい所に掲示しておくことなどがある。このような措置が講じられていない場合には，家内労働法第18条で，都道府県労働局長もしくは労働基準監督署長が委

託を禁止したり，機械の使用を禁止したりすることができるようになっている。

　次に，②委託者側や家内労働者側が心掛けなければならないこととして，18歳未満の者や女性が危険有害業務に従事するような委託をしないよう努めることや，家内労働者が安全装置を取り付けようとする時や健康診断を受けようとする時は援助を行うよう努めることなどがある。家内労働者の側も機械に安全装置を取り付けるように努めることや，局所排気装置を取り付けるように努めることなどがある。ただし，これらは，あくまで努力義務規定であって，必ずしなければならないというわけではない。

　そもそも家内労働法は，ベンゾール中毒事件を契機として，法制定に向けて労働省が本格的に動き出すようになったことを考えると，家内労働災害を予め防止するという点に重点が置かれているはずである。しかしながら，家内労働法で安全・衛生について規定している箇所は第17条と第18条だけしかなく，家内労働法施行規則で規定されている事項も努力義務規定が多いため，あまり実効性がないという問題がある。このため，努力義務規定を改めて禁止・強制規定にすることや，委託・請負契約で働く在宅ワーカーに対しては，眼精疲労や腰痛防止のため，VDT 作業への適切な対策を講じなければならないようにする必要があるであろう。

（2）労災補償

　後者の労働災害の被災者や遺族に補償するという点について，労働基準法では使用者の労災補償責任が規定されているが，これと同様の責任を家内労働災害が発生した場合，委託者に課すべきかどうかについては反対意見がある。例えば，次のような意見がある。

　「災害防止のために労基法その他によって設けられている安全・衛生確保のための細かい諸規定を順守させようとしても，作業施設の改善等のために多数の出費を伴うことが予想されるから，資力の乏しい家内労働者にその負担を強いることは困難である。そればかりでなく，多くの場合委託者自身がきわめて小規模な業者で占められているから，…（中略──引用者）…その負担を使用者

たるべきものの責任として彼らに押しつけることも実際上不可能といわねばならない。一たん労働災害が発生したような場合には，こうした中小零細企業の委託者は往々にして家内労働者に対する使用者としての補償責任を完全に履行できないこととなり，最も悲惨な結果を生みかねないであろう[22]」という意見である。このため，家内労働法では，委託者の労災補償責任について規定していない。しかし，その代わり業務上の負傷や疾病の発生するおそれが多い特定の業務に従事する家内労働者や補助者は，労災保険に特別加入できるようになっている。労災保険では，原則として労働基準法が適用される雇用労働者を保護することを目的としているが，雇用労働者以外の建設業の一人親方などについても，その就労の実態から見て保護する必要があるため，1965年より特別加入制度を創設している[23]。この特別加入制度は，個人で労災保険に加入することはできず，家内労働者や補助者が組織する団体を通じて特別加入することになっている[24]。家内労働者や補助者が特別加入することができる作業の種類は有機溶剤や動力機械などを使用する作業に限定されており，それぞれの作業によって異なる保険料率が設定されている。家内労働者や補助者が業務上の災害を被った時は，場合に応じて，①療養補償給付，②休業補償給付，③障害補償給付，④遺族補償給付，⑤葬祭料，⑥傷病補償年金，⑦介護補償給付の七種類の保険給付を受けることができる。さらに，社会復帰促進等事業による特別支給金などの付加的給付も受けることができるようになっている[25]。

　しかし，特別加入できる作業の種類は限られているため，すべての家内労働者や補助者が特別加入できるというわけではない。それゆえ，労災保険に特別加入できる作業の種類を増やすことや，委託・請負契約で働く在宅ワーカーも特別加入できるようにする必要があるであろう。

4　最低工賃制度の問題点

（1）最低工賃の現状

家内労働者は個々に散在していて工賃額の決定に対して，委託者と対等に交

渉することができない状態にある。委託者に対して「工賃を上げて欲しい」といえば，仕事を出してもらえなくなる弱い立場にいる。家内労働で生計を立てている者であれば，なおさらである。このため日本では，家内労働者の工賃が低くなりすぎないように，最低工賃制度で規制することにしている。

　日本では，1959年に制定された最低賃金法第20条から第25条で最低工賃制度を設置したのが，その始まりである。しかし，1959年に制定された最低賃金法第20条では，すでに決定された最低賃金を前提として，その最低賃金の有効な実施を確保するため必要と認められる場合に限り，最低工賃を決定することができるようになっていた。このため，1967年3月25日に奈良県の靴下製造業で初めて最低工賃が決定されるまで，最低工賃が決定されることはなかった[26]。その後，1970年に家内労働法が制定されたため，最低賃金法第20条から第25条は削除され，代わりに家内労働法第8条から第16条で最低工賃制度について規定することになった。

　2005年2月の時点では，家内労働法に基づいて決定された最低工賃の件数は，150件となっている。決定件数についてだけ見ると，最も多い都道府県は兵庫県で7件である[27]。次に多いのが，静岡県と愛知県で6件となっている。逆に最も少ないのは，石川県，奈良県，香川県，沖縄県であり1件だけである。すべての都道府県で何らかの最低工賃が決定されているため，全く決定されていないような都道府県はない。最低工賃の適用対象となる家内労働者数は10万8722人で，これは家内労働者総数の50.2％であり，同じく適用対象となる委託者数は9788人で，これは委託者総数の62.7％を占めている。表8-2で，業種別に見た場合の最低工賃の決定件数について見てみると，「衣服・その他の繊維製品製造業」での決定件数が最も多く，「繊維工業」も含めて考えると，繊維産業関連業種が全体の約65％程度を占めていることがわかる。次に，「電気機械器具等製造業」での決定件数が多いことがわかる。表8-2を全体として見ると，1999年に183件の最低工賃が決定されていたが，2005年には150件へと減少している。特に，繊維産業関連業種の決定件数が減少している。

　図8-1に示されているように，現行の家内労働法では，最低工賃は，厚生

表8-2　業種別最低工賃の決定件数

(件)

業　　種		1999年	2000年	2001年	2002年	2003年	2004年	2005年
繊維工業	織　物	12	12	12	12	12	12	11
衣服・その他の繊維製品製造業	ニット製造	19	19	19	18	13	11	15
	既製洋服等	60	60	60	57	53	51	51
	和服・その他	27	24	24	22	23	22	18
	その他	2	2	2	1	5	4	0
紙・紙加工品製造業		8	7	7	7	7	7	7
金属製品製造業		5	5	5	5	1	1	3
電気機械器具等製造業		31	29	30	30	30	30	30
その他		19	17	17	15	17	17	15
合　　計		183	175	176	167	161	155	150

注：電気機械器具等製造業には，電気機械器具，情報通信機械器具，電子部品・デバイス，機械器具等が
　　ある。
出所：厚生労働省『家内労働のしおり』各年度版より筆者作成。

労働大臣または都道府県労働局長が必要であると認める時，決定することがで
きるようになっている。さらに，厚生労働大臣や都道府県労働局長だけでなく，
家内労働者側や委託者側からも最低工賃の決定や改正あるいは廃止を申し出る
ことができるようになっている。しかしながら，近年，新しく最低工賃が決定
されることはほとんどなく，最低工賃決定の申し出そのものもほとんどない状
況である。かつては，最低工賃決定の申し出は，雇用労働者で組織された労働
組合が最も多く，委託者側からの申し出や，厚生労働大臣または都道府県労働
局長による決定は非常に少なかった。これは，家内労働者の低工賃が，類似の
業務に従事する雇用労働者の賃金を引き下げるようになるため，雇用労働者で
組織された労働組合が最低工賃の決定を申し出ることが多いからである。つま
り逆にいえば，類似の業務に従事する雇用労働者がいない場合，その業種の最
低工賃は決定されずに野放しとなっていることが多いという問題がある。家内
労働の中には低工賃の仕事が多いにもかかわらず，最低工賃が決定されていな
いのはこのためである。それゆえ，家内労働者の工賃が低くなりすぎないよう
に，厚生労働大臣または都道府県労働局長による最低工賃の決定件数を増やす

図 8-1　最低工賃決定の手順

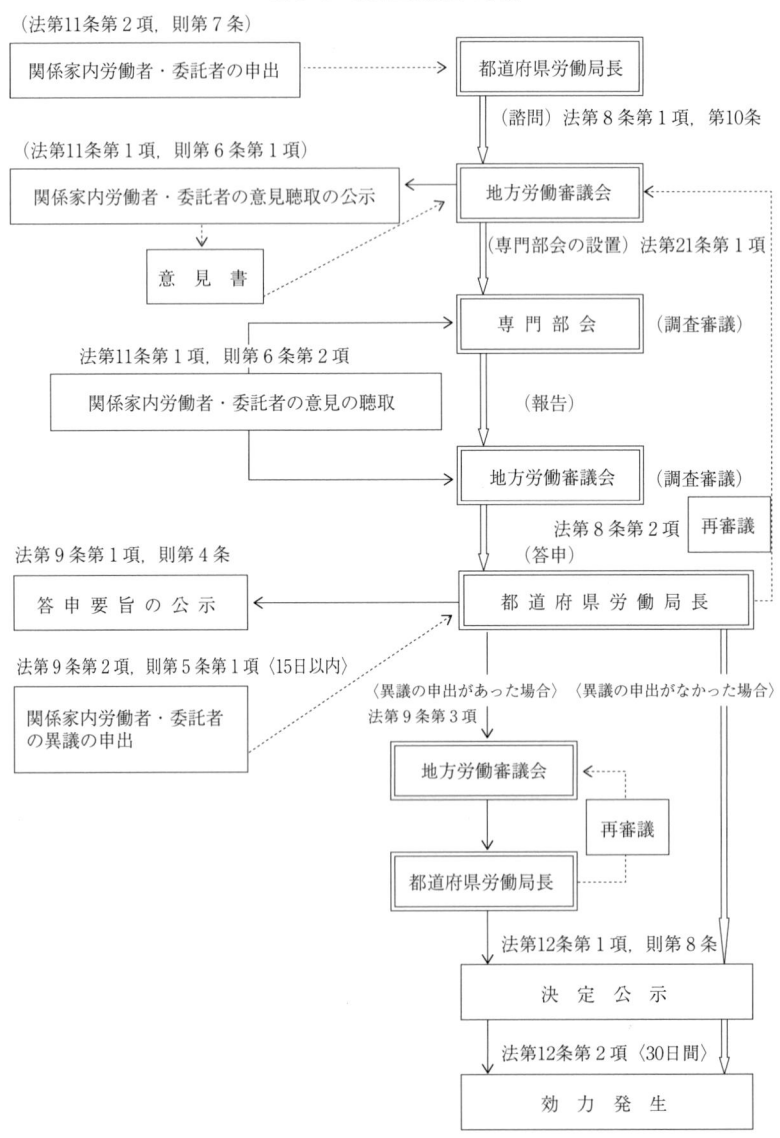

注：専門部会は 3〜5 回程度開催され，1 回につき 2 時間程度の審議が行われる。
出所：厚生労働省大阪労働局労働基準部賃金課の資料提供。

ようにする必要がある。

（2）決定の基準

　最低工賃が決定される基準について見てみると，最低工賃は工賃の低い業種であって，しかも家内労働者が一定の地域に相当数存在している業種か，他の地域との関連性が強い業種，あるいは，その地域にある産業のうち主要な割合を占めている業種が，優先的に決定されている。ここでいう一定の地域とは，都道府県単位もしくは都道府県内の特定地区であって，複数の都道府県にまたがって最低工賃が決定されているわけではない。これは，均衡の基準とされる最低賃金が都道府県別に決定されていることや，最低工賃が決定されている業種に地場産業が多いことが関係している。このため，ある作業に従事する家内労働者がＡ県とＢ県にまたがって散在している場合，Ａ県では最低工賃が決定されていても，Ｂ県で最低工賃が決定されていないというケースがあり得る。この場合，Ｂ県の家内労働者は，Ａ県の家内労働者より低い工賃で仕事をしなくてはならないという問題がある。また，家内労働者が一定の地域に相当数存在している業種として，家内労働者数が300人以上いることが，目安となっている。[30]

　次に，最低工賃の額は，どのような基準で決定されるのかについて見てみると，同一の地域内において同一または類似の業務に従事する労働者に適用される最低賃金との均衡を考慮して決められるようになっている。[31]ここでいう均衡とは，最低賃金の額と最低工賃の額が全く同額になるということではない。また，最低賃金の額は，「三原則」[32]を考慮して決定されており，ほぼ毎年改正が行われているにもかかわらず，最低工賃額は３年以上経過しないと改正されないようになっている。[33]このため，最低賃金との均衡が保たれておらず，最低工賃額は最低賃金額の60〜70％程度に低く抑えられている。しかも工賃は賃金と違って，そのまま家内労働者の純収入になるわけではないということに注意しておく必要がある。というのも，工賃には機械設備の減価償却費や補助材料費だけでなく電気料金なども含まれており，例えば業種によっては業務用のミシ

図8-2　最低工賃額の決定について

$$\begin{array}{c}\text{部品1つあたりの}\\\text{最低工賃額}\end{array}=\frac{\text{地域別もしくは産業別の最低賃金額（時間給）}}{\text{1時間に製造加工できる部品の個数（標準能率）}}$$

注1：上記の計算式に，「必要経費」を加算して考えている場合もある。
　2：品目や作業工程が同じ家内労働であっても，規格外であれば最低工賃
　　　は適用されない。
出所：山本正治郎（1974a，1977a，1978），神尾京子（1985）を参考に筆者作
　　　成。

ンを家内労働者が購入しているケースも見受けられる。

　さらに，地域別最低賃金や産業別最低賃金の場合，その地域やその産業で働く全ての雇用労働者に対して職種にかかわりなく適用されるが，最低工賃は作業工程ごとに一定の規格について出来高で決めることになっている。このため業種によっては商品の種類や作業工程が多すぎるため，作業工程別の決定方法では時間がかかりすぎて現実に適合しないという問題がある。特に，繊維産業関連業種では，その年によって流行が移り変わってしまうため，迅速に最低工賃が決定される必要がある。しかし，各都道府県ごとに地域別や産業別の最低賃金額を決定する時，地域や産業における賃金の実態把握が重視されているように，低工賃に一定の歯止めをかけて工賃改善へとつなげていくためには，綿密な実態調査によって工賃の現状を正しく把握しなければならないであろう。

　理論的には，最低工賃は図8-2のような計算式に基づいて決定されるべきであると考えられている。例えば，1966年4月8日に日本社会党が国会へ上程した家内労働法案の第12条第3項では，図8-2のような計算式（ただし全国一律最低賃金額）に基づいて最低工賃が決められるべきであるとなっていた。しかし，実際は，このような計算式に基づいて最低工賃が決定されているわけではなく，現場視察や関係者の意見聴取および実態調査の結果を参考にした上で，委託者側の経営状態にも配慮して決定されているようである。[34]

　図8-2を見ると，「部品1つあたりの最低工賃額」は，「地域別もしくは産業別の最低賃金額（時間給）」を「1時間に製造加工できる部品の個数（標準能率）」で割った値である。ここでいう「1時間に製造加工できる部品の個数（標

準能率）」は，かつて審議会で家内労働者が実際に製造加工することで測定していた。[35]しかし，審議会で実際に製造加工する家内労働者は，委託者側の委員の推薦で選ばれることが多かったため，非常に熟練した家内労働者が選ばれている可能性があった。経験年数の少ない初心者を基準にすれば，部品１つあたりの最低工賃額は高くなるが，非常に熟練した家内労働者を基準にすると，部品１つあたりの最低工賃額は低くなるという問題があった。審議会で実際に製造加工する家内労働者は，「初級熟練者」とすることに決められていたが，「初級熟練者」が一定期間の修業を積んだ一人前の熟練者のことなのか，それとも経験年数の少ない初心者のことなのかは決められておらず，個々の作業工程によって異なるため，各都道府県労働局の審議会で判断して経験年数を決めることになっていた。[36]かつては，「１時間に製造加工できる部品の個数（標準能率）」は，審議会で家内労働者が製造加工することで測定していたが，近年は実際に製造加工するということはせず，委託者側が実施した実態調査の結果をそのまま参考にするようになっている。また，家庭の主婦が家計補充として従事する「内職的家内労働」が家内労働者の90％以上を占めているにもかかわらず，審議会の家内労働者側の委員に，そのような家内労働者が選ばれることは少なく，たいていが連合やUA ゼンセンなど雇用労働者で組織された労働組合の専従役員が選ばれているという問題がある。家内労働をしている家庭の主婦も委員に加えるようにする必要がある。

　以上のように，最低工賃は作業工程ごとに一定の規格について決めることになっているが，作業工程や規格が多すぎて現実に適合しないため，職種や製品ごとに決定する方式へと改める必要がある。特に在宅ワークの中には，一定の単位に区切れない作業があるため，職種ごとに決定する必要があるであろう。また，在宅ワークのように全国各地へ仕事が委託されている場合があるため，都道府県ごとに決定するのではなく，複数の都道府県にまたがって決定することも必要である。さらには，最低工賃額は最低賃金額と連動するように改め，最低賃金額が改正されるたびに，自動的に最低工賃額も改正されるようにする必要があるであろう。

5　在宅ワークへの適用問題

　家内労働法では，家内労働者とは，主として労働の対償を得るために，委託を受けて物品の製造加工作業に従事する者のことであり，しかも同居の親族以外の者を使用しないことを常態としているもののことと定義している。[37]したがって，たとえ委託・請負契約の在宅ワークであっても，在宅ワークは，主にサービス（役務）の提供であって物品の製造加工作業ではないため，家内労働法が適用されないのである。ただし，例外としてワープロソフトなどを用いて文章の入力（ベタ打ち）作業をする場合については，家内労働法を適用することになっている。[38]この場合でも，家内労働法に照らして解釈し直す必要があるため，委託者からフロッピーディスク等の外部記憶媒体の提供や売り渡しがあり，その外部記憶媒体に入力した文章を保存して納品した場合にのみ限定されている。[39]

　このように家内労働法が適用されていないにもかかわらず，近年，委託・請負契約の在宅ワークに従事する人は増加している。厚生労働省（2002）によると，在宅ワークに従事している人は，男性より女性の方が多く，年収では男性の4人に1人が500万円以上であるのに対し，女性の場合は7割の人が149万円以下である。また，職種では，男性は「設計，製図，デザイン」や「システム設計，プログラミング」に多く，女性は「文書入力」や「データ入力」に多くなっている。さらに，報酬の支払いや仕事の納期・ノルマなどでトラブルが多く，トラブルを経験したことのある在宅ワーカーは約20％程度いることが明らかにされている。労働省は，事業者的性格が弱く労働者的性格の強い在宅ワークについて，「在宅ワークの適正な実施のためのガイドライン」を策定して，契約条件の文書明示・保存や契約条件の適正化などの基準を示しているが，法的な拘束力はなく，トラブルが後を絶たない状況である。

　これに対して，1956年に独占禁止法の特別法として制定された下請法（下請代金支払遅延防止法）では，物品の製造および修理の委託を適用対象としていた

が，2003年6月に改正され，情報成果物の作成委託と役務提供委託も適用対象になった。これにより，一定の条件の下での発注については，在宅ワークも下請法が適用されることになっている[40]。下請法では，注文書など書類の作成・保存義務や，下請代金の支払い遅延の禁止などが定められている。しかし，在宅ワークに従事する人に必要な保護は，単に契約条件の文書明示・保存だけでなく，契約条件の適正化や安全・衛生の確保という側面も必要である。特に契約条件の適正化ということであれば，報酬の最低金額の設定，労働時間の規制（適正化），契約打ち切りの事前予告（予告期間と予告手当）などが必要であり，安全・衛生の確保では眼精疲労や腰痛に悩む在宅ワーカーが多いため，VDT作業への適切な対策を講じる必要がある。それゆえ，下請法のような経済法だけでなく，家内労働法のような労働保護法も在宅ワークに適用される必要があり，場合によっては労災保険に特別加入できるようにする必要もあるであろう。また，在宅就労問題研究会が発表した「最終報告書」でも，「在宅ワークについては，何らかの保護等の措置を講ずる必要性が想定され，家内労働法的な手法が当てはまるかどうかについて，個別の施策ごとに検討する必要があろう」[41]と述べられている。この点について，例えば西ドイツでは，それまで製造加工作業を対象としていた家内労働法を1974年に改正し，「テープ起こし」や「宛名書き」など労働者的性格の強い在宅ワークについて家内労働法の適用対象となっている[42]。

　さらに，国際的な動向として，1996年6月20日にはILO第83回総会で，「在宅形態の労働（Home Work）条約」（第177号条約）が採択されている。日本がILO条約に批准するためには，①家内労働法の適用範囲を物品の製造加工作業だけでなく，サービス（役務）の提供などにも拡大する必要がある。②家内労働法では，委託者から原材料の支給を受けているかどうかが重視されているが，ILO条約では原材料の支給を受けたり，機械設備を貸与されているかどうかは全く問題にしていない。③家内労働法では，製造加工業者や販売業者または請負業者から委託を受けた場合に限定されているが，ILO条約ではそのような限定はない。④家内労働法では，自分一人か同居の親族とともに仕事に従事して

いて常態として他人を使用しないことと限定されているが，ILO 条約では他人を雇用していてもよいのかどうかについては決められていない。⑤ILO 条約では，家内労働者や在宅ワーカーと他の賃金労働者との平等待遇（労働三権や母性保護など）をできる限り促進することとなっている。また，ILO 条約では，雇用労働者が時おり自宅で「持ち帰り」残業をするような場合は，「在宅形態の労働」にならないが，雇用労働者が常に（週3日以上）自宅で仕事をする在宅勤務の場合は，「在宅形態の労働」に含まれるということに注意しておく必要があるであろう。ILO 条約の討議過程で使用者側の反対が非常に強かったこともあり，批准している国は数カ国しかない状況である。日本政府は ILO 条約の採択に賛成票を投じているが，批准に向けての目立った動きは今のところ全くない状況である。

　最後に，近年，在宅ワークをめぐる詐欺事件（いわゆる「インチキ内職」）も多発している。それらは主に，高額な機器を購入させたり，技術取得のための研修費を徴収しておいて，仕事をあっせんしないというような手口である。このような詐欺事件に対しては，2001年6月に施行された特定商取引法で規制されているが，被害が後を絶たない状況にある。このような詐欺事件に多い手口は，主に次の三点に集約することができるであろう。

　それは，①実際に仕事をする前に多額の研修費や保証金を支払わなければならない場合。あるいは，高額な機械を購入しなければならない場合である。②求人広告に記載してある連絡先の住所が遠隔地にある場合。このため，騙されたと思っても新幹線や飛行機を利用しなければならないため，直接事務所へ文句をいいに行きにくくなっている。また，電子メールや郵送で資料請求と求人広告に記されているだけで，電話で問い合わせることができないようになっている。あるいは，電話をしても常に留守番電話になっており，担当者が出てこない場合である。③あらかじめ求人広告に会社が高額で買い取りますと記されている場合。しかも，経験次第では高収入が約束されており，独立も可能と記されているような場合である。これに加えて，最近では，インターネットを使って募集している場合もあり，必要以上に派手なホームページは要注意とい

われている。このような詐欺事件には，高度なスキルや営業能力のない女性の在宅ワーカーが被害に遭うことが多く，在宅ワーカーの意識の啓発と能力開発に取り組む必要があるであろう。[45]

　なお本章では，在宅ワークと SOHO（Small Office Home Office）とを区別して扱っている。なぜなら，SOHO は自宅や小規模の事業所で働くという意味以外にも，情報関連産業のベンチャー企業という意味を含んでおり，事業者的性格が強いからである。SOHO については，定義を明確にした上で，在宅ワークとは別の政策で対処する必要があるだろう。[46]

　注
(1)　在宅ワークはいまだ揺籃期にあるため，法律による規制は時期尚早であるという意見もある。詳しくは，労働省（2000）29頁を参照。
(2)　『日本経済新聞』1968年12月25日付「社説」。
(3)　哲学の衝突の具体的な内容について，詳しくは，大石三郎（1971），髙藤昭（1971）を参照。
(4)　1974年に家内労働法が改正された西ドイツでは，従来までの家内労働法の問題点を改めて家内労働者の保護を手厚くするとともに，在宅ワークも適用範囲とするようになっている。
(5)　労働省労働基準局編（1986）52-70頁を参照。
(6)　西陣とは，京都市上京区今出川付近のことであり，応仁の乱で西軍の山名宗全が布陣したことに由来している。
(7)　ただし，織元の工場内で製織に従事している労働者であっても，請負契約として加工賃を受け取っている場合は出機と呼んでいる。
(8)　詳しくは，村井豊明他（1982），脇田滋（1982）を参照のこと。
(9)　1970年に家内労働法が制定された時，丹後地方の出機労働者には家内労働法が適用されることになった。
(10)　この他にも，労働基準行政に従事している職員数が不足しているという問題もあると思われる。
(11)　1948年7月5日付基収第2204号通達で，家内労働者には労働基準法を適用しないということが決められた。
(12)　ただし，家内労働法の問題点について検討した先行研究として，片岡曻（1968），正田彬（1979），中脇晃（1975，1982），峯村光郎（1975），山田耕造（1981）がある。
(13)　家内労働法第3条第2項。
(14)　家内労働手帳の普及促進のために，保育所の入所申し込みで就労証明書の代わりに，家内労働手帳を提示するようにしている場合もある。
(15)　家庭の主婦が家計補充として家内労働に従事している場合や，会社員や農林漁業者などが副業として家内労働に従事している場合では，短時間ではあるが休日や深夜に労働

していたりする。

(16) 家内労働法第 4 条第 1 項。

(17) 家内労働法第 4 条第 2 項。

(18) 解雇予告の日数を短縮するために，短縮した日数分の解雇予告手当を支払うという場合もある。

(19) 家内労働者の団体の中には，東京花緒工組合や東京ヘップサンダル工組合のように労働組合法上の労働組合として認められている場合や，東京袋物技工協同小組合のように中小企業等協同組合法上の事業協同小組合を結成している場合がある。詳しくは，磯部喜一（1960），千種達夫（1962），錦織璋（1969）を参照。

(20) 安全・衛生に関する措置については，厚生労働省『家内労働のしおり』毎年度版の「家内労働法のあらまし」を参考にしている。詳細については，家内労働法施行規則第10条から第22条までを参照。

(21) 東京都では，専業として家内労働に従事している者が，局所排気装置を取り付けようとする時の費用の一部を助成していたり，安全講習会や健康診断を実施している。

(22) 片岡昇（1968）5 頁。

(23) 1970年 9 月29日から，家内労働者も労災保険に特別加入できるようになった。

(24) 家内労働者や補助者が組織する団体は，事業主と見なされて保険料の納付義務を負うことになっている。

(25) 特別支給金には，休業特別支給金，障害特別支給金，遺族特別支給金，傷病特別支給金がある。

(26) 同年 5 月 1 日に発効している。詳しくは，労働大臣官房総務課編（1971）227頁を参照。

(27) 兵庫県では，「靴下製造業」，「綿・スフ織物業」，「婦人既製服製造業」，「電気機械器具製造業」，「釣針製造業」，「かばん製造業」，「絹・人絹・毛織物業（但馬地区）」で最低工賃が決定されている。

(28) 家内労働法第 8 条。

(29) 家内労働法第11条第 2 項。

(30) 300人未満の場合でも，最低工賃は決定されている。ただし，100人未満に減少し，将来も増加する見通しがない場合は，廃止が検討されるようになっている。

(31) 家内労働法第13条。

(32) 三原則とは，労働者の生計費，類似の労働者の賃金，賃金の支払い能力のことである。

(33) 1982年 7 月27日に中央家内労働審議会小委員会が発表した「最低工賃の新設・改正の促進に関する報告」では， 2 〜 3 年を目途として，最低工賃額は改正されなければならないとされている。そのためには，審議機関の効率的な短縮や実態調査の簡素化が必要であるとしている。

(34) 厚生労働省大阪労働局労働基準部賃金課からの聞き取り（2005年10月12日）による。

(35) 最低工賃については，これまで地方家内労働審議会（東京・神奈川・愛知・京都・大阪・兵庫）や地方最低賃金審議会の最低工賃専門部会で審議されていたが，2001年より地方労働審議会最低工賃専門部会で審議されるようになっている。また，最低工賃以外の事項については，これまで地方家内労働審議会や地方労働基準審議会家内労働部会で審議されていたが，同年より地方労働審議会家内労働部会で審議されるようになっている。

(36)　標準能率をめぐる問題点について，詳しくは，山本正治郎（1977a，1978，1984）を参照。

(37)　家内労働法第2条第2項。

(38)　1990年3月31日付基発第184号，婦発第57号により決められた。

(39)　自分で購入した外部記憶媒体に文章を保存して納品した場合や，外部記憶媒体を用いずインターネットやパソコン通信などで納品した場合は，家内労働法の適用対象とならない。

(40)　下請法について，詳しくは，労働政策研究・研修機構（2004）を参照。

(41)　労働省（2000）29頁。

(42)　西ドイツの家内労働法について，詳しくは，小俣勝治（1985，2004），鎌田耕一（2003）を参照。

(43)　ただし，国内の法律や裁判例などによって，独立労働者と見なされるために必要な一定の自主性および経済的独立性を持つと考えられている場合は，「在宅形態の労働」にならない。

(44)　ILO第177号条約の批准国に，フィンランド（1998年），アイルランド（1999年），アルバニア（2002年），オランダ（2002年），アルゼンチン（2006年），ブルガリア（2009年），ボスニア＝ヘルツェゴビナ（2010年），タジキスタン（2012年），ベルギー（2012年），マケドニア共和国（2012年）がある。

(45)　厚生労働省は，在宅ワーク支援事業により各種セミナーの開催や相談業務などを実施している。在宅ワーク支援事業は，2000年4月より（財）21世紀職業財団が委託されていたが，2003年4月からは（財）社会経済生産性本部が委託されている。詳しくは，「在宅ワーカー支援 Home Worker's Web」を参照。また，在宅ワーカーの能力開発については，中囿桐代（2004）を参照。

(46)　本章作成にあたって，最低工賃の決定方法について，厚生労働省大阪労働局労働基準部賃金課から聞き取りをさせていただいた。記して感謝致します。

主要参考文献

Campbell, J. C., *How Policies Change: The Japanese Government and the Aging Society*, Princeton University 1992（三浦文夫・坂田周一監訳『日本政府と高齢化社会』中央法規出版, 1995年).

Kamio, K., "The Kyoto Homeworkers' Friendship Associations: Japan", in Huws, U. ed., *Action Programmes for the Protection of Homeworkers: Ten Case-studies from around the World*, ILO, 1995.

Uno, K., "One Day at a Time: Work and Domestic Activities of Urban Lower Class Women in Early Twentieth Century Japan", in Hunter, J. ed., *Japanese Women Working*, Routledge, 1993.

青野寿彦「農村下請工業における内職利用の展開」『中央大学経済研究所年報』第11号, 1980年7月。

―――「農村下請機械工業における内職の存在形態」『経済学論纂』（中央大学）第24巻第6号, 1983年11月。

秋田久「女性の生活, 支え43年――活動終えた『綾部内職友の会』」『京都新聞』2006年6月3日付。

有沢広巳・藤縄正勝『日本の最低賃金』日刊労働通信社, 1972年。

池添弘邦「セーフティ・ネットと法」労働政策研究・研修機構『就業形態の多様化と社会労働政策』労働政策研究報告書 No.12, 2004年。

石川孝重「在宅ワークの現状とその可能性」『日本女子大学紀要 家政学部』第46号, 1999年3月。

磯部喜一「家内労働と労働組合――ヘップサンダル労働組合結成について」『ジュリスト』第212号, 1960年10月。

伊藤好道編『家内労働法と最低賃金法』珊瑚書房, 1957年。

伊藤友八郎・佐々木直彦『自宅が会社に代わる SOHO 仕事術』PHP 研究所, 1996年。

ウェブプロジェクト『さあ,「SOHO」しよう！』中経出版, 1997年。

牛田義雄「京都府における内職の実態と内職指導について」『協同組合経営研究月報』第198号, 1970年3月。

氏原正治郎『日本労働問題研究』東京大学出版会, 1966年。

内海典子「情報技術（IT）と『労働』の形態の変化」『東京大学社会情報研究所紀要』

第60号，2000年1月。

浦野敏裕・実践SOHO研究会『これなら絶対うまくいく！「SOHO事業」の進め方』かんき出版，1999年。

江口英一「家内労働」大阪市立大学経済研究所編『経済学辞典』岩波書店，1965年。

――――「内職」大阪市立大学経済研究所編『経済学辞典』岩波書店，1965年。

――――「内職」岩井弘融他編『都市問題講座1　経済構造』有斐閣，1965年。

――――「いわゆる『内職』について」『都市問題研究』第19巻3号，1967年3月。

大石三郎「家内労働者の労働者性について」『福岡大学法学論叢』第16巻第1号，1971年8月。

大阪市社会部『本市に於ける授産事業に関する調査』1935年9月。

――――『本市における内職調査』1940年。

大阪市民生局編『授産生の生活実情調査結果報告――市立授産場における』1950年。

――――『授産事業・内職指導事業の概要』1954年。

――――『大阪市民生事業40年史』1962年。

――――『大阪市における授産内職事業の実態』1965年。

――――『授産内職事業概要』1968年。

――――『大阪市委託内職会および内職従事者の実態調査』1970年。

――――『生活保護統計』1973年。

――――『大阪市民生事業史』1978年。

――――『民生事業統計集』各年度版。

大阪市立大学経済研究所編『大阪における内職と日雇の実態』日本評論社，1954年。

大阪府『大阪府内職あっせん所連合会創立15周年記念大会』1969年。

――――『大阪府認定内職あっせん所一覧表』1991年。

――――『大阪府認定内職あっせん所運営の手引』1992年。

――――『大阪府内職あっせん所運営審議会資料』1993年。

――――『大阪府認定内職あっせん所運営の手引き』2000年。

――――『大阪府労働施策の基本方向』2002年。

大阪府立職業サービスセンター『大阪府における内職提供事業所実態調査報告書上・下』1968～1970年。

――――『大阪府における家庭内職の実態』1968年。

――――『内職従事状況実態調査結果報告書――大阪府全域』1968年。

――――『内職就業基本調査結果報告書』1969年。

――――『昭和44年度　内職紹介後の動向調査』1969年。

─── 『内職就業調査結果報告──千里ニュータウン』1970年。

─── 『内職就業調査結果報告──東大阪市』1971年。

─── 『内職に関する意識調査結果報告』1972年。

─── 『大阪府における内職職種別流通過程調査報告書』1972年。

─── 『堺市内職就業調査結果報告』1973年。

─── 『内職工賃調査結果』1974年。

大阪府立内職補導所『内職実態調査文書綴』1955〜1957年。

─── 『大阪府における家庭内職従事状況実態調査報告』1957年。

─── 『大阪府における家庭内職の実態』1959年。

─── 『大阪府における内職提供事業所実態調査 1・2』1958〜1960年。

─── 『大阪府における内職提供事業所実態調査報告書──卸売・小売業』1961〜
    1963年。

─── 『大阪府における内職職種分類別工賃表』1963年。

─── 『家庭内職問題について』1964年。

大阪府労働部編『大阪府労働行政35年資料集』1983年。

─── 『大阪府労働行政45年資料集』1993年。

大須眞治・唐鎌直義「農村における内職者調査に向けて」『中央大学経済研究所年報』
    第18号，1987年11月。

大谷晃一『手仕事のおんな』朝日新聞社，1975年。

大前眞「1906年ロンドン苦汗産業博覧会」横山俊夫編『視覚の一九世紀』思文閣出版，
    1992年。

岡部実夫『家内労働法の解説』労務行政研究所，1972年。

小俣勝治「マティーアス・カップス『コンピューター家内労働』」『季刊労働法』第
    137号，1985年10月。

─── 「ドイツにおける在宅テレワーカーの法的保護」労働政策研究・研修機構『欧
    米における在宅ワークの実態と日本への示唆』労働政策研究報告書 No.5，2004年。

片岡昇「家内労働法をめぐる諸問題」『季刊 労働と経済』（京都府民生労働部）No.18，
    1968年9月。

加藤敏春『マイクロビジネス』講談社＋α新書，2000年。

鎌田耕一「ドイツにおける在宅ワークの実態，法的地位及びその対策」日本労働研究
    機構『在宅ワーカーの労働者性と事業者性』調査研究報告書 No.159，2003年。

───編『契約労働の研究』多賀出版，2001年。

神尾京子「家内労働法施行12年の諸問題──その矛盾点と改正の方向」『労働法律旬

報』第1056号，1982年9月。

―――「家内労働の諸類型とその変質の方向」社会政策学会編『先進国における労働運動』御茶の水書房，1985年。

―――「急増する在宅テレ・ワーカー」『経済』No.293，1988年9月。

―――「産業構造の変質と最近の家内労働」『季刊 労働法』第153号，1989年10月。

―――「在宅ワーク立法化の方向と諸試論について――その国際動向と国内対応」社会政策学会編『少子化・家族・社会政策』法律文化社，2005年。

―――『家内労働の世界』学習の友社，2007年。

神谷隆之「女性請負型テレワークの実態と課題――家内労働及びパート労働との比較検討」『大原社会問題研究所雑誌』第462号，1997年5月。

―――「在宅ワーカーの実像」ウイメンズ・パワーハウス21編『在宅ワーク完璧マニュアル』日経事業出版社，1997年。

―――『在宅ワーク解体新書』日本労働研究機構，1999年。

―――「ネット化する在宅ワーク――役割分担で障害者も含めチャンス拡大」『@ Work』創刊号，2000年3月。

―――「在宅ワークの実態と課題――グループ化の方向」『職リハ調査研究資料』No.24，2000年3月。

―――「先端職場（e-work）の変化――在宅ワークのチーム化」『日本労働研究雑誌』No.498，2001年12月。

―――「女性の出産・育児退職と在宅ワーク」2003年。（http://www.jil.go.jp/columun/bn/columun006.html）2017/10/21閲覧確認。

―――「在宅・SOHOワークと女性の就業継続」Discussion Paper Series 04-003，2004年3月。

岸勇「日本経済保護事業の歴史的役割と必然的方向――『防貧』の意味するもの（1）（2）（終）」『社会事業』第32巻第9・10・12号，1949年9月・10月・12月。

木本喜美子『女性労働とマネジメント』勁草書房，2003年。

京都市社会課編『京都市に於ける授産事業に関する調査』調査報告第21号，1933年。

京都市総務局統計課編『家庭内職実態調査報告――輸出造花輸出玩具紙袋張り』京都労働資料19号，1950年。

京都市内職補導センター編『事業概要 昭和40年度～50年度』1966～1976年。

京都市民生局・京都市中央授産場編『家庭内職作業の現状と分析』1958年。

京都府内職指導所編『内職団体の手引き』1967年。

―――『内職あっ旋事業実績表 昭和43年度』1969年。

──────『内職グループ事業実績表 昭和44年・48年度』1970・1974年。

──────『内職就業基本調査報告書 昭和44年度』1970年。

──────『内職工賃実態調査報告書 昭和45年度』1971年。

──────『内職提供事業所調査報告書 昭和45年度～昭和49年度』1971年～1975年。

──────『内職者団体の運営について──その事務のすすめかた』1972年。

──────『京都府下の内職友の会の推移』1978年。

──────『内職相談者の追跡調査 昭和53年』1978年。

──────『内職工賃調査結果速報 昭和53年（和裁・ミシン・のり付け・その他の職種）』1978年。

京都府婦人技能指導所編『就業だより』1964～1993年。

京都府立授産内職補導所編『事業報告書 昭和34年度～昭和42年度』1960～1968年。

──────『京都府下内職友の会における内職者の実態調査』1968年。

京都府労働経済研究所編『内職就業者・就業希望者に関する実態調査結果報告書』1982年。

熊沢誠『女性労働と企業社会』岩波新書，2000年。

黒木利克『日本社会事業現代論』全国社会福祉協議会，1958年。

厚生省編『厚生省五十年史（記述篇）』中央法規出版，1988年。

厚生省監修『授産施設関係法令通知集』中央法規出版，1992年。

厚生労働省『情報通信機器の活用による在宅就業実態調査結果報告──平成13年度家内労働等実態調査』2002年。

──────『平成16年度家内労働等実態調査結果報告──在宅就業に関する発注者実態調査』2005年。

厚生労働省監修『在宅ワークハンドブック』（財）21世紀職業財団，2001年。

──────『在宅ワーク活用ハンドブック』労働調査会，2002年。

上妻英夫『【在宅ワーク】の仕事の取り方・稼ぎ方』ぱる出版，1999年。

国際労働問題シンポジウム「今，なぜ家内労働か？──ILO の家内労働条約・勧告をめぐって」『大原社会問題研究所雑誌』No.459，1997年2月。

──────「雇用関係の範囲（労働者性）──働く人の保護はどこまで及ぶか？」『大原社会問題研究所雑誌』No.545，2004年4月。

小口賢三「家内労働の現状と問題点」『エコノミスト』第44巻13号，1966年4月5日。

国土庁大都市圏整備局編『女性の就業に対するテレワークの可能性』大蔵省印刷局，1998年。

雇用審議会『雇用審議会答申集──答申第1号～第14号』1977年。

近藤文二「明治初年の大阪における救貧授産事業」大阪市役所『明治大正大阪市史紀要』第18号，1930年 3 月。

佐藤正美「現代の家内労働問題」『季刊 労働法』第82号，1971年12月。

嶋津典代『在宅ワークで稼ぐ本』日本法令，1997年。

下崎千代子「テレワークと女性労働の可能性」筒井清子・山岡熙子編『グローバル化と平等雇用』学文社，2003年。

下崎千代子・小島敏宏編『少子化時代の多様で柔軟な働き方の創出』学文社，2007年。

社会経済生産性本部『在宅ワークハンドブック』2007年。

———『在宅就業調査報告書』2009年。

———『在宅ワークを始めるには（在宅ワーク実践テキスト）』2009年。

———『仕事を獲得するための情報ノウハウ（在宅ワーク実践テキスト）』2009年。

———『私らしいキャリアの育て方（在宅ワーク実践テキスト）』2009年。

社会保障研究所編『日本社会保障資料 I 』至誠堂，1975年。

春闘共闘委員会「家内労働法をめぐる動きと対策について」（春闘共闘発第35号）1970年 2 月26日。

障害者の在宅就業に関する研究会「『障害者の在宅就業に関する研究会』報告書——多様な働き方による職業的自立をめざして」『労働法律旬報』No.1577，2004年 6 月。

小豆川裕子・W. A. スピンクス『企業テレワーク入門』日経文庫，1999年。

正田彬「家内労働法の問題点」松岡三郎先生還暦記念論文集発起人会編『労働基準法の法理』総合労働研究所，1979年。

庄谷怜子「内職をする被保護者の生活実態と問題点」『社会問題研究』第24巻，第 1 ・ 2 合併号，1974年 9 月。

杉原薫・玉井金五編『大正・大阪・スラム（増補版）』新評論，1996年。

諏訪康雄「内職」『日本労働研究雑誌』No.443，1997年 4 月。

———「テレワークの実現と労働法の課題」『ジュリスト』No.1117，1997年 8 月。

諏訪康雄・神谷隆之他「座談会 在宅ワークの現状と課題 これからの展望」『Women & work』129（通号282），1999年 9 月。

生活保護法規研究会編『生活保護関係法令通知集 平成14年度』中央法規出版，2002年。

全国家内労働者連絡会編『ILO 家内労働条約と勧告／解説集』1996年10月。

全国家内労働者連絡会・全日本家内労働者組合総連合「ILO 派遣団の活動報告／報告集」1996年 8 月。

———「全国の家内労働者へのアピール」1996年 8 月11日。

全日本家内労働者組合総連合「要請書」1995年11月22日。

総評「家内労働法について」『総評と大阪地評運動資料』（中江資料綴 No.52）1956年。

―――「国民大行進最低賃金制・家内労働法部会資料」『総評と大阪地評運動資料』（中江資料綴 No.53），1956年。

―――「最低賃金法・家内労働法制定に関する要請書」『総評秋季闘争資料』1957年。

―――「家内労働法案及び解説（日本社会党提出）」1967年9月31日。

―――「家内労働法制定についての意見」（最賃制・家内労働法確立全国集会資料）1968年2月17日。

―――「家内労働法制検討上の問題点に関する小委員会報告及び総評・同盟・家内総連の意見」1968年3月21日。

―――「『家内労働法施行規則大綱』の決定に伴う指導要請について」（総評組織局発第20号）1970年9月21日。

総評主婦の会『第四回内職大会資料』1968年。

―――『第5回内職大会資料』1969年。

―――『第6回内職大会資料』1970年。

総務省編『情報通信白書（平成13年度版）』ぎょうせい，2001年。

SOHO シンクタンク編『SOHO 白書（2002年版）』同友館，2002年。

髙野剛「私の視点　在宅ワーク――長時間・低収入　法整備急げ」『朝日新聞』2010年1月7日付朝刊。

高橋菊江他「パートと内職従事者」婦人労働問題研究会編『現代の婦人労働問題』労働旬報社，1975年。

高橋誠・河合夕希子「資料　女性による非雇用型在宅ワークの仕事と生活に関する実態調査」『労働科学』第78巻第3号，2002年5月。

―――「女性による非雇用型在宅ワークにおける健康影響とその要因」『労働科学』第78巻第4号，2002年7月。

髙藤昭「家内労働者の法的性格」『社会労働研究』第18巻第1号，1971年9月。

谷本雅之「もう一つの『工業化』」『岩波講座・世界歴史22 産業と革新』岩波書店，1998年。

―――「戦前期日本の『小経営』と家族労働力」社会政策学会編『自己選択と共同性』御茶の水書房，2001年。

―――「近代日本の女性労働と『小経営』」氏家幹人他編『日本近代国家の成立とジェンダー』柏書房，2003年。

田原孝明「欧米における在宅ワークと今後の視点――アメリカ，イギリス，ドイツか

らの知見を中心として」労働政策研究・研修機構『欧米における在宅ワークの実態と日本への示唆』労働政策研究報告書 No5，2004年。

─── 「在宅ワーカーの保護の在り方に関する一考察」『ビジネス・レーバー・トレンド』10月号，2004年9月。

玉井金五・松本淳編『都市失業問題への挑戦』法律文化社，2003年。

近松順一『戦後高度成長期の労働調査』御茶の水書房，2003年。

千種達夫「内職者と労働組合」『ジュリスト（労働判例百選）』臨時増刊，1962年6月。

千本暁子「日本における性別役割分業の成立──家計調査をとおして」荻野美穂他『制度としての〈女〉』平凡社，1990年。

手塚直樹・松井亮輔『障害者の雇用と就労』光生館，1984年。

同盟『最低賃金・家内労働法施行問題特集』（同盟資料シリーズ特集版3）1970年。

豊田太一「国際・国内動向　第83回 ILO 総会家内労働条約を採択する──条約批准，家内労働法抜本改正の運動を」『労働総研クォータリー』No.24，1996年10月。

内職ワーク研究会『明るい内職』NHK 出版，2002年。

内藤和子「活路は団結だけの内職者・パートタイマー」『経済』第19号，1966年1月。

中川清『日本の都市下層』勁草書房，1985年。

─── 『日本都市の生活変動』勁草書房，2000年。

長坂俊成「テレワークの法的性質と法的保護のあり方──労働法理を中心として」『季刊労働法』第193号，2000年6月。

中囿桐代「在宅ワーク研究の分析視角──ジェンダーアプローチをめぐって」『釧路公立大学地域研究』第11号，2002年12月。

─── 「在宅ワーカーのネットワークと技能教育」『釧路公立大学地域研究』第13号，2004年12月。

仲野組子『アメリカの非正規雇用』桜井書店，2000年。

中村隆英「戦後在来産業の動向と変容」中村隆英編『日本の経済発展と在来産業』山川出版社，1997年。

中脇晃「わが国家内労働法に関する一考察」『商学論集』（福島大学）第44巻第1号，1975年7月。

─── 「家内労働法」日本労働法学会編『現代労働法講座第9巻 労働保護法論』総合労働研究所，1982年。

錦織璋「家内労働者の範囲とその性格」『日本労働協会雑誌』第120号，1969年3月。

西村豁通他「（座談会）家内労働・パートタイマーの現状と問題点」『季刊 労働と経済』（京都府民生労働部）No.18，1968年9月。

21世紀職業財団『在宅ワークの健全な発展をめざして――在宅ワーク支援事業検討委員会報告』2001年。

―――『在宅ワーク報酬相場』2002/2003年。

―――『在宅ワークの健全な発展をめざして――在宅ワーク支援事業検討委員会報告』2004年。

日経連編『現下の賃金政策と賃金問題』1957年。

日本社会党「最低賃金法・家内労働法についての公聴会議事録（その一）」『月刊総評』1957年4月。

―――「最低賃金法・家内労働法についての公聴会議事録（その二）」『月刊総評』1957年6月。

日本婦人団体連合会編『婦人白書』ほるぷ出版，各年度版。

日本労働研究機構『通信情報機器の活用等による在宅勤務の展開』（調査研究報告書No.75）1995年。

―――『パソコンネットワークに集う在宅ワーカーの実態と特性』（調査研究報告書No.106）1998年。

―――『情報通信機器の活用による在宅就業の実態と課題』（調査研究報告書No.113）1998年。

―――『在宅・SOHOワーク2000』（JILデータブックシリーズ）2000年。

―――『在宅ワーク発注と在宅ワーカーの動向』（資料シリーズNo.119）2002年。

―――『在宅ワーカーの労働者性と事業者性――在宅ワーカーへの対応・支援をめぐって』（調査研究報告書No.159）2003年。

野村かつ子「内職の現状と問題点」『協同組合経営研究月報』第177号，1968年6月。

―――「内職」大羽綾子・氏原正治郎編『現代婦人問題講座2・婦人労働』亜紀書房，1969年。

間宏編『高度経済成長下の生活世界』文眞堂，1994年。

花田啓一『SOHO新時代が始まった』岩波アクティブ新書，2002年。

ハレブン，T.K.（住沢とし子訳）「家族・労働に及ぼす技術・経済的変化の影響」『思想』第768号，1988年。

平田周一・仁田道夫「在宅勤務――萌芽期における実態」『日本労働協会雑誌』No.318，1985年11月。

平山喬恵「在宅ワーク型SOHOの現状と課題」『労働の科学』第55巻第11号，2000年11月。

広田寿子『戦後女子労働の研究』労働教育センター，1979年。

深澤和子『福祉国家とジェンダー・ポリティックス』東信堂，2003年。

藤井紀代子「家内労働に従事する婦人の実態と変化」高橋久子編『変わりゆく婦人労働』有斐閣選書，1983年。

藤本武『最低賃金制』岩波新書，1967年。

布施晶子「内職，パートで働く婦人たち」嶋津千利世編『婦人と労働』新日本出版社，1970年。

布施直春『在宅勤務の実態と活用』日本労働協会，1989年。

堀秀夫『最低賃金法解説』労働法令協会，1959年。

堀眞由美『テレワーク社会と女性の就業』中央大学出版部，2003年。

前田正久・湯本和子・松村祥子「家計の配分体系への考察と共働き家計の分析」中鉢正美編『家族周期と家計構造』至誠堂，1971年。

松岡三郎『普及版 労働基準法』弘文堂，1971年。

松原岩五郎『最暗黒の東京』岩波文庫版，1988年。

松本達郎「家内労働」楫西光速他編『講座中小企業 労働問題（第4巻）』有斐閣，1960年。

―――「家内労働」加藤誠一他編『労働問題と中小企業』同友館，1977年。

マルクス，K.（社会科学研究所監修）『資本論（第3分冊）』新日本出版社，1983年。

丸山一郎『障害者施策の発展』中央法規出版，1998年。

三塚武男「京都における『内職』労働の実態」『季刊労働と経済』第18号，1968年9月。

嶺學「雇用（2）――新しい形態の雇用」日本ILO協会編『講座ILO（国際労働機関）・（下）』日本ILO協会，1999年。

峯村光郎「家内労働関係の実情と家内労働法の問題点」孫田秀春米寿祝賀記念論集刊行会編『経営と労働の法理』専修大学出版局，1975年。

三好正巳「労働関係と労働基準――西陣機業における出機を中心にして」『彦根論叢』第228・229号，1984年2月。

三和治『戦後社会福祉の展開と課題』学文社，2000年。

向田正巳「雇用契約，労働者の範囲と労務サービス契約法の基礎，沿革についての素描（1）」『社会文化研究所紀要』第56号，2005年7月。

―――「雇用契約，労働者の範囲と労務サービス契約法の基礎，沿革についての素描（2）」『社会文化研究所紀要』第57号，2005年11月。

―――「労務サービス契約法について」『季刊労働法』第215号，2006年冬季。

村井豊明・森川明・中山福二「西陣織の出機（賃織）は『労働者』か――山田労災認定闘争の意義と課題」『労働法律旬報』第1053号，1982年10月。

森戸英幸「わが家が一番？――情報化に伴うテレワーク・在宅就労の法的諸問題」『日本労働研究雑誌』No.467，1999年6月。

―――「テレワーク・家内労働・在宅ワークの法政策」『法律時報』第75巻第5号，2003年5月。

山田耕造「家内労働法――その問題点を中心として」日本労働法学会編『企業内組合と団結権』総合労働研究所，1981年。

山中篤太郎「労働基準法は改めらるべきか」『労務研究』1952年2月。

―――「労働基準法改正『答申並びに建議』の成立」『労働時報』1952年4月。

―――「労働基準法問題の性格」『季刊労働法』1953年秋季号。

―――『労働政策の歩み』総合労働研究所，1973年。

―――編『中小工業と労働問題』国元書房，1950年。

山本篤民「SOHO・在宅ワーク研究の成果と課題」『経済学研究』第30号，2000年。

―――「SOHO出現の構造と背景」『経済学研究』第31号，2001年。

山本正治郎「家内労働研究のための序論」『研究と資料』第27号，1969年3月。

―――「家内労働の現状と問題点」『日本労働協会雑誌』第13巻第12号，1971年12月号。

―――「家内労働における最低工賃」『経営研究』第128・129・130号，1974年3月。

―――「最低工賃決定をめぐる問題点」『月刊労働問題』第197号，1974年6月。

―――「家内労働者の状態」『研究と資料』第36号，1974年11月。

―――「最低工賃決定の経過と問題点」『研究と資料』第40号，1977年3月。

―――「地域最賃をめぐる労資の主張と問題点――および家内労働最低工賃との関連」『労働調査時報』第668号，1977年4月。

―――「最低工賃決定における若干の問題点――とくに作業範囲の限定と標準能率の設定を中心として」『季刊経済研究』第1巻第2号，1978年12月。

―――「家内労働の現状と問題点」中條毅編『現代の雇用問題』総合労働研究所，1982年。

―――「最低工賃について――新設と改正をめぐる問題点」『季刊経済研究』第6巻第1号，1983年6月。

―――「最低工賃の新設と改正――中央家内労働審議会『最低工賃の新設・改正の促進に関する報告』をめぐる問題点」山本正治郎・巽信晴編『現代労働・社会問題の新局面』東京大学出版会，1984年。

山本正治郎・巽信晴「大都市ならびにその周辺地域における家内労働の現状」『研究と資料』第28号，1970年3月。

横山源之助『日本の下層社会』岩波文庫，1949年。

横山政敏「西陣機業における出機の労働関係について──労働関係『構造化』の一事例として」『商経論叢』第32巻，1984年3月。

───「資本制家内労働と西陣賃機の労働関係」三好正巳編『現代日本の労働政策（増補版）』青木書店，1988年。

吉田久一『全訂版 日本社会事業の歴史』勁草書房，1994年。

吉村臨兵「貧困線と公的扶助」玉井金五・大森真紀編『新版・社会政策を学ぶ人のために』世界思想社，2000年。

臨時家内労働調査会編『家内労働の現状』日本労働協会，1966年。

レーニン，B.И.（大山岩雄・西雅雄訳）『ロシアにおける資本主義の発展（中巻）』岩波文庫，1952年。

労政研究所編『石田労政』労務行政研究所，1978年。

労働省『在宅就労問題研究会報告』2000年。

───『家内労働調査結果報告』各年度版。

───『婦人労働の実情』大蔵省出版局，各年度版。

───編『労働行政史（第3巻）』労働法令協会，1982年。

労働省女性局「在宅就労問題研究会中間報告について」『Women & work』129（通号282），1999年9月。

労働省婦人局編『パートタイム労働の展望と対策』婦人少年協会，1987年。

───「資料 在宅就業問題研究会報告（第1次報告）」『労働法律旬報』No.1235，1990年3月。

───「『情報サービス産業分野における在宅就業実態調査』結果」『労働時報』第45巻第7号，1992年7月。

労働省婦人少年局『家庭内職の実態──大阪市中間報告』1955年。

───『家内労働組織の中の婦人』1958年。

───『諸外国における家内労働法制（一）』1959年。

───『パートタイム雇用の実情』1965・1966年。

労働省労働基準局『家内労働の実態』1959年。

───『家内労働実態調査』1965年。

───『家内労働の現状』1971年。

───『家内労働のしおり』各年度版。

労働省労働基準局編『労働基準法の問題点と対策の方向』日本労働協会，1986年。

労働政策研究・研修機構『欧米における在宅ワークの実態と日本への示唆』労働政策研究報告書 No.5，2004年。

───「特集　在宅・SOHO ワークという働き方──現状・課題・行方」『Business Labor Trend』2004年10月号。

労働大臣官房政策調査部編『パートタイム労働者総合実態調査報告』1991年。

労働大臣官房総務課編『労働行政要覧 昭和45年度』労働法令協会，1971年。

───『労働行政要覧』労働法令協会，各年度版。

労働大臣官房労働統計調査部編『最近の諸外国の家内労仂制度』1949年。

脇田滋「西陣出機労働者の労災保険適用資格」『労働法律旬報』第1053号，1982年10月。

無署名「（資料）京都府亀岡内職友の会の活動経験」『旬刊賃金と社会保障』第452号，1968年 3 月。

あ と が き

　本書は，戦後日本の内職・家内労働と在宅ワークについて，筆者がこれまで
発表してきた論文を中心に一冊の書籍にまとめたものである。本書は，戦後日
本の内職・家内労働がこれまであまりまとまった形で研究されてこなかった分
野であるにもかかわらず，それがどのようなものであり，いかなる変遷を経て，
脱工業化や情報化の現在に至っているのかを様々な角度から歴史的に研究して
いるという点で，今後の学界における内職・家内労働研究や在宅ワーク研究の
進展に少しは貢献することになるのではないだろうか。

　本書は，序章から第8章まで，全部で9つの章で構成されている。それらは
主に既発表の論文で構成されているが，もちろん必要な限り加筆・修正を施し
ている。本書で用いた論文の初出は，以下に掲げるとおりである。

・「家内労働法制定をめぐる政策論議——高度成長期の日本を中心に」『経済
　学雑誌』第104巻第3号，2003年12月。

・「内職・家内労働と家族の変容——大阪府を事例として」玉井金五・久本
　憲夫編『高度成長のなかの社会政策』ミネルヴァ書房，2004年。

・「家内労働に関する地方単独事業——大阪府認定内職あっせん事業を中心
　に」『大阪市大論集』第110号，2004年11月。

・「高度成長期の授産『内職』事業——大阪市を事例として」『経済学雑誌』
　第105巻第4号，2005年3月。

・「内職・家内労働研究の課題と分析視角——在宅ワーク研究の進展のため
　に」『大原社会問題研究所雑誌』No.564，2005年11月。

・「家内労働法の問題点と在宅ワーク」『産業と経済』第22巻第1号，2007年
　3月。

・「授産事業の変遷と京都内職友の会——高度成長期の福祉政策を中心に」

『産業と経済』第22巻第4号，2008年3月。
・「安定成長期の内職・家内労働とパートタイム労働——女性労働者を中心として」『産業と経済』第23巻第1・2号，2008年7月。
・「平成不況期の内職・家内労働と在宅ワーク——グローバル化と情報化の下で」『広島国際大学医療福祉学科紀要』第7号，2011年3月。

　まず，序章では，内職・家内労働研究の課題と分析視角について提示した。次に，第1章では，高度成長期の内職・家内労働の実態について分析し，第2章では，政策的側面として政策過程について分析を行った。さらに，第3章と第5章では大阪と京都を事例としながら，授産事業として施設内外で行われる仕事と家内労働の同一性と異質性について明らかにし，第4章では，障害者や母子家庭の母や高齢者など就職困難層が家内労働に従事しているケースについて扱った。その上で，第6章と第7章では，高度成長期以降の安定成長期と平成不況期の内職・家内労働の実態について分析し，第8章では，家内労働法の問題点について明らかにした上で，在宅ワークに家内労働法を適用するべきではないかということについて考察した。

　しかしながら，本書では，戦後日本の内職・家内労働について明らかにすることを主眼としていたため，2008年のリーマン・ショック以降の在宅ワークについて十分な分析を行っているわけではない。とりわけ障害者や母子家庭の母親や東日本大震災の被災者などの就職困難者に対する就労支援と在宅ワークの実態については，これまで筆者は8本ほどの論文を発表しており，2冊目の単著を出版する時に期待していただきたい。

　本書は，筆者にとって初めての単著の出版となる。本書を出版するにあたって，立命館大学から「2017年度学術図書出版推進プログラム」による出版助成金を使わせていただくことができた。記して感謝申し上げたい。また，本書が完成するまでに多くの方々からの指導や支援もいただいた。紙幅の都合で，逐一，氏名をあげて謝辞を記すことは差し控えさせていただくが，筆者は網膜剥離で目が悪いにもかかわらず，大学院に進学してから専任教員に就職するまで

の20歳代の生活を支えてくれた両親に感謝の意を示すことをお許しいただきたい。とりわけ母は，筆者が小学生の頃，自宅でミシン仕事の内職をしていた。筆者は，1978年大阪府生まれであるが，当時は大阪でも繊維関係や雑貨品の内職をしている家庭が多かった。小学校から下校して同級生の友達の自宅へ遊びに行くと母親が内職をしているという風景はごくありふれたものであった。母もまた結婚前に働いていた縫製の技術を活かすべく工業用ミシンを購入して，自宅の車庫を改築した内職部屋でいつもミシン仕事の内職をしていた。よく母はパート勤めに行きたいと言っていたが，父が許さなかった。父が幼い頃に祖父が病気で他界し祖母は数年後に再婚したため，父は親戚の家に預けられて生活していた。父にとって，一番辛かったのは祖父や祖母と一緒に暮らせなかったことであり，核家族や専業主婦が理想の家族像であった。だから父は学校を卒業後は猛烈に働いて会社を経営するようになり，結婚して子どもをつくり，持ち家を購入した。息子が「鍵っ子」で寂しい思いをしないように，母にパート勤めをさせず，母は自宅でミシン仕事の内職をしていたのである。父は筆者に勉強しなさいと言うことは一度もなかったが，幼くして親戚の家に預けられて進学できなかったため，教育費については惜しげもなく出してくれた。筆者が大学4年生の頃，父の会社は大変な時期であったが，大学院の進学にも反対しなかった。大学院在学中も仕事を辞めて早く年金暮らしがしたいと言っていたが，専任教員になるまで頑張って働いて支えてくれた。筆者を温かく見守り支えてくれた両親に，記して感謝申し上げたい。

2017年12月

入院中の妻の安産を祈りながら

髙野　剛

索　引

〈著者紹介〉

髙野　剛（たかの・つよし）

1978年　大阪府生まれ。
2001年　大阪市立大学経済学部卒業。
2006年　大阪市立大学大学院経済学研究科後期博士課程修了。
2008年　広島国際大学医療福祉学部専任講師。
2014年　立命館大学経済学部准教授。
現　在　立命館大学経済学部教授，博士（経済学）。
主　著　『高度成長のなかの社会政策』（共著）ミネルヴァ書房，2004年。
　　　　『労働運動の新たな地平』（共著）かもがわ出版，2015年。

MINERVA 現代経済学叢書㉑

家内労働と在宅ワークの戦後日本経済
──授産内職から在宅就業支援へ──

2018年 2 月20日　初版第 1 刷発行　　　　　　　〈検印省略〉

定価はカバーに
表示しています

著　　者　　髙　野　　　剛
発　行　者　　杉　田　啓　三
印　刷　者　　藤　森　英　夫

発行所　株式会社　ミネルヴァ書房
607-8494 京都市山科区日ノ岡堤谷町 1
電話代表　(075)581-5191
振替口座　01020-0-8076

© 髙野　剛, 2018　　　　　　　　　亜細亜印刷・新生製本

ISBN978-4-623-08227-8
Printed in Japan

玉井金五／久本憲夫 編著
高度成長のなかの社会政策
──日本における労働家族システムの誕生
A 5 判・258頁
本体　4,000円

岩永理恵 著
生活保護は最低生活をどう構想したか
──保護基準と実施要領の歴史分析
A 5 判・352頁
本体　5,000円

米澤 旦 著
労働統合型社会的企業の可能性
──障害者就労における社会的包摂へのアプローチ
A 5 判・240頁
本体　6,000円

遠藤公嗣 編著
個人加盟ユニオンと労働 NPO
──排除された労働者の権利擁護
A 5 判・264頁
本体　5,000円

朴 姫淑 著
地方自治体の福祉ガバナンス
──「日本一の福祉」を目指した秋田県鷹巣町の20年
A 5 判・376頁
本体　7,000円

森川美絵 著
介護はいかにして「労働」となったのか
──制度としての承認と評価のメカニズム
A 5 判・360頁
本体　6,000円

金 英著
主婦パートタイマーの処遇格差はなぜ再生産されるのか
──スーパーマーケット産業のジェンダー分析
A 5 判・392頁
本体　5,000円

──── ミネルヴァ書房 ────
http://www.minervashobo.co.jp/